W0197352

Manuel Ochsenreiter
(Hrsg.)

Staatsmord in Bagdad

Saddam Hussein
am Galgen

Bibliographische Information der Deutschen Bibliothek
Die Deutsche Bibliothek verzeichnet diese Publikation in der Deutschen
Nationalbibliographie; detaillierte bibliographische Daten sind im Internet
über http://dnb.ddb.de abrufbar.

ISBN 978-3-935962-06-3

BONUS-Verlag
Postfach 10, D-24236 Selent

Gedruckt in Österreich

Vorwort

Am 30. Dezember 2006, um 6 Uhr morgens, öffnete sich unter Saddam Hussein in Bagdad eine Falltür. Noch bevor der irakische Staatspräsident sein muslimisches Glaubensbekenntnis zu Ende sprechen konnte, brach sein Genick am groben Strick – unter dem lauten Gejohle seiner Henker. Die „Hinrichtung" Saddams hatte den Charakter eines Rachemordes, sanktioniert vom (neuen) irakischen Staat, der von den USA gestützt wird. Schnell ging das Gerücht um, die Amerikaner hätten den irakischen Staatschef gezielt seinen schlimmsten Feinden ausgeliefert.

Selbst der Termin des Tötens schien wohlgewählt. Es war der Beginn des islamischen Opferfestes Eid Al-Adha. Mehr als zwei Millionen Muslime aus 178 Staaten kommen dann zur jährlichen Pilgerfahrt „Hadsch" zum Berg Arafat bei Mekka.

Im gesamten arabischen Raum sprach man von Mord. Die in den Palästinensergebieten regierende Hamas-Bewegung verurteilte die Urteilsvollstreckung als „verbrecherisches politisches Attentat" auf Saddam. „Der Zeitpunkt der Hinrichtung wurde absichtlich gewählt, um die Gefühle von Arabern und Muslimen zu verletzen", erklärte die Organisation. Das palästinensische Parlament sprach am darauffolgenden Sonntag von einem „schrecklichen Verbrechen". Mitglieder verschiedener palästinensischer Fraktionen errichteten im Gazastreifen mehrere Trauerzelte für Saddam. Das ägyptische Außenministerium kritisierte ebenfalls den Zeitpunkt der Hinrichtung. Die Gefühle der Muslime während der derzeitigen Pilgerfahrt, „die einen Moment der Vergebung" darstelle, seien nicht berücksichtigt worden. Libyen ordnete gar eine dreitägige Staatstrauer für den hingerichteten „Kriegsgefangenen Saddam Hussein" an. Die grüne libysche Nationalflagge wurde auf Halbmast gesetzt, alle geplanten Feste und Feierlichkeiten wurden abgesagt. Diese Proteste blieben im Westen weitestgehend ungehört. Statt dessen zeigte man sich in der selbstgefälligen Pose des Befreiers des irakischen Volkes vom „Tyrannen Saddam Hussein."

Doch wer war dieser Saddam Hussein, dessen vollständiger Name *Saddam Husain Abd al-Madschid at-Tikriti*, zu deutsch „Saddam, Sohn des Hussein, Sohn des Diener-des-Ruhmreichen aus Tikrit", lautet? Sein kometenhafter Aufstieg klingt vor allem für die Araber wie ein Märchen aus Tausendundeiner Nacht. Er, die Halbwaise vom Land, wuchs in einer Region heran, zuerst unterjocht vom türkisch dominierten Osmanischen Reich, später von den britischen Kolonialherren. Der junge Hussein lebte bei seinem Onkel Chairallah Tulfah, einem irakischen Offizier, der im Jahre 1941 am prodeutschen Umsturzversuch unter Raschid Ali al-Gailani beteiligt gewesen sein soll. Als einer der ersten Maßnahmen hatte Gailani damals Truppen gegen den britischen Luftwaffenstützpunkt bei Habbanija (Irak) aufmarschieren lassen, was einer Kriegserklärung gegen England gleichkam. Daraufhin waren britische Truppen, die nach Bagdad marschieren sollten, bei Basra gelandet. Als Folge davon hatte Gailani im November 1941 nach Berlin flüchten müssen, wo er unter anderem mit dem deutschen Reichskanzler persönlichen Kontakt hatte.

Saddam machte eine steile Karriere in der irakischen Armee. Er beteiligte sich an einem erfolglosen Putschversuch gegen den probritischen König Faisal II. im Jahre 1957 und mußte über Syrien nach Ägypten fliehen. Nach seiner Rückkehr stieg er nach einem erfolgreichen Staatsstreich der Baath-Partei im Jahre 1968 schnell auf: 1968 wurde er stellvertretender Generalsekretär des Revolutionären Kommandorates sowie Chef des Ministeriums für Staatssicherheit und des Propagandaministeriums. 1969 wurde er Vizepräsident. Am 11. Juli 1979 wurde er Generalsekretär der pan-arabisch-nationalistischen Baath-Partei, und am 16. Juli 1979 übernahm er die Macht als Staats- und Regierungschef.

Schnell wurde Saddam auch zum Liebling des Westens. Staatschefs aus Europa und den USA gaben sich in Bagdad die Klinke in die Hand. Der ehemalige französische Präsident Jacques Chirac nannte Hussein gar einen „großen Staatsmann" und seinen „Freund". Das ölreiche Land zwischen Euphrat und Tigris wurde zum beliebten Ausflugsziel. Niemand kam damals auf die Idee, die problematische Situation der Menschenrechte im Irak zum Anlaß für eine Saddam-Schelte zu nehmen.

Hussein regierte sein Land wie ein orientalischer König, baute sich prachtvolle Paläste und andere Prunkbauten. Saddam war überall, er war alles. Er war „der Gesalbte", „der glorreiche Führer", „der weise Lenker", „die Sonne". Er war Präsident des Irak, Chef des Revolutionsrates, Feldmarschall, Doktor der Rechtswissenschaften, Großonkel seines Volkes. Er ließ sich feiern als Erbe Nebukadnezars, als Erbe des Propheten und des Kalifen Harun al-Raschid, als Erbe des Sultans Saladin und des Ägypters Nasser; er ließ sich abbilden als Beduine, als Familienvater, als Soldat, als Gläubiger, als Gärtner, als Kurde, als Wandersmann, als Staatsmann, als gütiger Mann, als lachender Mann, als ganz normaler Mann.

Unter seiner Regentschaft wandelte sich der Irak zu einem modernen Staat. Die Erdölquellen des Landes wurden verstaatlicht; der Irak wurde zu einem der reichsten Staaten der Region. Saddam ließ das Volk aber teilhaben am Aufschwung – im Gegensatz zu den anderen Diktatoren und Regenten der Region, die meist nur in die eigene Tasche wirtschafteten. Krankenhäuser, Schulen, Straßen und Eisenbahnen wurden gebaut, Elektrizität erreichte jetzt auch entlegene Ortschaften, die Armen erhielten Kühlschränke und Fernseher, in denen sie Saddam und seine zwei Söhne und drei Töchter ganztägig bewundern konnten. Die Frauen bekamen den gleichen Lohn wie die Männer, eine Landreform wurde durchgeführt und das Volk alphabetisiert.

Saddam herrschte über sein Land aber auch mit unnachgiebiger Härte. Wer des „Verrats" bezichtigt wurde, landete schnell auf dem Schafott. Und es traf viele – auch ehemalige Weggefährten des Präsidenten.

Sein opferreicher Krieg gegen den Iran wurde massiv vom Westen unterstützt. Sein Krieg gegen Kuwait – ebenfalls zuvor seitens der westlichen Partner Husseins „genehmigt" – markierte den Beginn seines Unterganges. Über Nacht wurde aus dem „Freund" und „großen Staatsmann" der „brutale Despot", der „Hitler des Orients". Die „Marionette der USA", wie er genannt wurde, hatte die Fäden, die ihn kontrollierten, angeblich durchtrennt. Ein Propaganda-Bombardement, das seinesgleichen sucht, hagelte auf den irakischen Präsidenten nieder. Plötzlich war alles Thema: seine brutalen Söhne, sein Herrschaftsstil, seine Foltergefängnisse und seine Strafexpeditionen gegen

Kurden und Schiiten. Der Irak wurde von einem un-
erbittlichen Embargo überzogen. Unter diesem litt
weniger Saddam, dafür aber um so mehr sein Volk.
Vor allem Frauen und Kinder hatten die Folgen des
Embargos zu ertragen, Medikamente fehlten, es
herrschte Mangelwirtschaft. Der Unmut des Volkes
richtete sich daher nicht gegen den Präsidenten, sondern gegen den Westen.

Der letzte Akt des Propaganda-Bombardements war
der Vorwurf der USA, Saddam verfüge über Massenvernichtungswaffen und stehe in Kontakt zur Terror-
gruppe Al Kaida – beides nachweislich Lügen. Die
USA marschierten mit ihren Verbündeten in den Irak
ein, um „Demokratie" und „Menschenrechte" zu bringen. Das Ergebnis: Heute herrscht Chaos in dem einst
blühenden arabischen Land. Hussein wurde medienwirksam in einem „Erdloch" aufgestöbert, in dem er
sich monatelang versteckt gehalten haben soll. Bilder
gingen um die Welt, die den einstigen Staatschef als
schmutzigen, verlausten, bärtigen Penner zeigten.

Der Prozeß gegen Saddam machte den Eindruck
eines abgekarteten Spieles. Parallelen zum Nürnberger Siegertribunal nach dem Zweiten Weltkrieg
drängen sich auf. Doch im Gegensatz zu Nürnberg
saßen dieses Mal nicht die Siegermächte selbst auf
dem Richterstuhl, sondern Iraker. Etliche davon
wurden allerdings in Schnellseminaren von den
USA „ausgebildet" – wie durchsichtig. Prozeßbeob-
achtern wurde alsbald klar, daß es hier um Rache
und nicht um Gerechtigkeit ging. So wurde Saddam
für vergleichsweise geringe Vergehen zum Tode
verurteilt. Experten gehen davon aus, daß dies
durchaus im Sinne des Westens war. Hätte man Saddam Hussein vor einem unparteiischen Gericht
oder zu den gravierenden Vorwürfen vernommen –
zum Beispiel zu seinem Einmarsch in Kuwait 1990

oder dem Einsatz von Chemiewaffen im Ersten Golfkrieg –, wären wohl die engmaschigen Verstrickungen des Westens in Saddams „Terrorherrschaft" zum Thema geworden.

Seine Hinrichtung wurde von einem der Anwesenden mit einer kleinen Kamera aufgezeichnet. Das Video ging um die Welt und dokumentiert die Grausamkeit dieses allerletzten Aktes des Feldzuges gegen Hussein. Mit verzerrtem Gesicht, gekrümmt und gequält, den Strick noch um den Hals, sieht man dort den leblosen Körper des Mannes, der sich bis zu seinem letzten Atemzug als amtierender Präsident des Irak bezeichnete. Auch hier drängen sich Ähnlichkeiten zu den Bildern der Gehängten von Nürnberg auf. Der Zweck ist klar: die Entzauberung des einst strahlenden Herrschers. Der Starke sollte schwach gezeigt werden, ihm sollte die Würde genommen werden – auch das ist eine Form der Rache.

Die Nachwelt zeichnet heute ausschließlich das einseitige Bild eines barbarischen Despoten. Es ist die *Außen*sicht des proamerikanischen Westens, die in der Publizistik über Saddams Irak vorherrscht. Im vorliegenden Buch kommen hingegen Zeugen und Experten zu Wort, die sich diesem Konsens verweigern und über eine *Innen*ansicht des Irak verfügen. Es sind Politiker, Journalisten und Wissenschaftler, die sich über viele Jahre intensiv mit Saddam Hussein und seinem Staat beschäftigten, ihn gar persönlich kennenlernten und den ihm gemachten Prozeß aufmerksam verfolgten. Sie geben ein anderes Bild Saddam Husseins und des Irak wieder. Die Autoren zeigen vor allem die Hintergründe von Saddams Aufstieg und Niedergang auf, eines fast tragischen orientalischen Herrscherschicksals – von seinen vermeintlichen Verbündeten erst gefördert und letztendlich geopfert.

Saddam hat nie verloren, trotz seiner militärischen Niederlagen. Ein Kuriosum aus westlicher Perspektive. Der libanesische Schriftsteller Gérard Khoury erklärt das so: „Ein erniedrigter Araber empfindet keine Schuld, sondern Schmach. Wer sich schuldig fühlt, kann seine Fehler erkennen. Für die Schmach jedoch ist man nicht verantwortlich. Schuldig sind die, die sie einem zugefügt haben. Man will die Revanche." Und die Revanche ist bereits da: Die US-Amerikaner erleben derzeit im Irak ihr schlimmstes militärisches Fiasko. Selbst im vierten Jahr nach dem Sturz Saddams fallen fast täglich US-Soldaten in den Auseinandersetzungen mit den vielen irakischen Widerstandsgruppen unterschiedlichster Couleur. Fast scheint es so, als sollte Saddam recht behalten mit seinem Fluch: „Möge der Stein, den sie auf uns werfen, auf ihren eigenen Kopf fallen!"

Der orientalische Diktator

Von Michael Wiesberg

„Der Irak ist das Land der Propheten und der gött-
lichen Boten, das Land der Zivilisation, des Handels
und der Reinheit, das Land, wo der erste Same
keimte, wo die Milch aus der mütterlichen Brust
hervorquoll, um dem Leben Kraft zu spenden. Seit-
dem begann die Menschheit ihren langen Weg der
Sünde und Läuterung. Das Leben auf Erden, ein-
geteilt in Höhen und Tiefen, ist lediglich ein
Durchgang, bevor sich das Tor öffnet, das für die
einen ins göttliche Paradies führt, während die an-
deren zur Hölle fahren.“

Saddam Hussein,
Staatspräsident des Irak

Die Nachricht ging um die Welt: Saddam Hussein,
einst mächtigster Mann im Irak, soll sich am 13. Dezember 2003 in einem Erdloch vor einer ärmlichen
Hütte unweit seines Heimatortes Tikrit US-Soldaten in
einem verwahrlosten Zustand ergeben haben. Die Be-
tonung liegt auf „soll", denn wie viele Vorgänge im
Zusammenhang mit der Person Saddam Hussein dürfte auch diese Festnahme „propagandistisch" aufberei-
tet worden sein. Saddam jedenfalls bestritt bis zuletzt,

daß sich seine Gefangennahme so zugetragen habe. Bestätigt wurde die Aussage Saddams durch den US-Soldaten Nadim Abou Rabeh, nach dem die Festnahme im Erdloch erfunden und von einem Filmteam der US-Armee nachgestellt worden sei. Abou Rabeh war Mitglied einer 20 Mann starken Suchtruppe, die in der Umgebung von Tikrit nach Hussein suchte. Bei seiner Gefangennahme soll es, ehe er gefaßt werden konnte, einen Schußwechsel gegeben haben. Erst später habe ein „Produktionsteam der US-Armee Saddams Festnahme für den später verbreiteten Film nachgestellt", berichtete unter anderem die *Netzeitung*. Das Pentagon dementierte unverzüglich die Aussagen von Abou Rabeh als „lächerlich und falsch".

In der Folge verschwand Saddam zunächst in dem von der US-Armee geleiteten Hochsicherheitsgefängnis Camp Cropper in der Nähe des internationalen Flughafens von Bagdad, wo er als „offizieller Kriegsgefangener der USA" geführt wurde. Zwei Tage nach der „Machtübergabe" der USA an die irakische Übergangsregierung wurde Saddam Hussein am 30. Juni 2004 der irakischen Justiz überstellt. Ein Sondertribunal, laut Medienberichten massiv unterstützt durch Anwälte und Berater aus den USA, England und Australien, nahm die Ermittlungen gegen Saddam Hussein und elf weitere ehemalige Spitzenpolitiker des Irak auf. Saddam erkannte dieses Tribunal nicht an und pochte weiter darauf, der legitime Präsident des Irak zu sein.

Am 19. Oktober 2005 wurde der Prozeß gegen ihn und sieben Mitangeklagte eröffnet; Hauptanklagepunkte waren Völkermord, Verbrechen gegen die Menschlichkeit und Kriegsverbrechen. Bezeichnend ist an diesem Prozeß zweierlei: zum einen, daß in dessen Verlauf zwei Verteidiger der Mitangeklagten Mordanschlägen zum Opfer fielen und daß ein Anschlag auf den Ermittlungsrichter und ein Anschlag auf das Gerichtsgebäude geplant waren, die aber verhindert werden konnten; zum anderen, daß nur 19 Anklagepunkte verhandelt wurden, die mit einer von Saddam 1982 angeordneten Vergeltungsaktion in Zusammenhang stand, in deren Verlauf in dem irakischen Dorf Dudschail 150 Menschen ermordet wurden. Diese Vergeltungsaktion war eine Reaktion auf einen fehlgeschlagenen Attentatsversuch auf Saddam durch schiitische Fundamentalisten. Daß diese Vergeltungsaktion, und nicht die vielen anderen Verbrechen, die Saddam zur Last gelegt werden, Gegenstand der Anklage war, hat zu vielen Spekulationen Anlaß gegeben. Hierbei mag durchaus eine Rolle gespielt haben, daß im Zusammenhang mit den Saddam Hussein zur Last gelegten Großverbrechen Wahrheiten ans Licht gekommen wären, die, wie gemutmaßt wurde, den USA unangenehm hätten sein können.

Möglicherweise mag das geschickte Agieren des jugoslawischen Präsidenten Slobodan Miloseviç vor dem Internationalen UNO-Strafgericht ebenfalls eine Rolle gespielt haben, zu einem ebensolchen man Saddam Hussein nun von vornherein keine Möglichkeit bieten wollte. Miloseviç hatte es geschafft, nicht nur die Verantwortung der Großmächte in Hinblick auf die kriegerischen Auseinandersetzungen in Jugoslawien Anfang der 1990er Jahre beim Namen zu nennen, sondern auch den fragwürdigen Charakter des NATO-Angriffskrieges auf Jugoslawien im Jahre 1999 wirkungsvoll anzusprechen. Ähnlich zu bewerten gewesen wäre der Angriffskrieg gegen den Irak im Jahre 2003, dessen Thematisierung Saddam Hussein offensichtlich nicht gestattet werden sollte.

Die Eile, mit der das Todesurteil gegen Saddam dann gefällt und ausgeführt worden ist, hat den Verdacht genährt, daß es sich hier mehr um einen „Schauprozeß" für die Öffentlichkeit, denn um eine wirkliche juristische Aufarbeitung der Verbrechen der Ära Saddam

Hussein gehandelt hat. Zu diesem „Schauprozeß" gehörte, daß sich die Amerikaner offiziell nicht die Hände schmutzig machten, sondern die Liquidierung Saddam Husseins den Irakern überantwortet war. Dieser Vorgang wurde durch das wohl eher routinemäßige Bedauern des Vollzugs der Todesstrafe an Saddam durch westliche Politiker arrondiert.

Am 30. Dezember 2006 wurde in Al-Kadhimija, einer Nachbarstadt im Nordosten Bagdads, das Leben des „Irren von Bagdad" durch Erhängen beendet. Wie in unserer Medienwelt üblich, kursierte im Internet schon kurz nach der Hinrichtung ein Video, das die letzten Minuten des Saddam Hussein, nicht aber das Erhängen selbst, zeigt – angeblich aufgenommen mit der Kamera eines Mobiltelefons eines hochrangigen irakischen Regierungsmitarbeiters. Saddams Wunsch, erschossen zu werden, wurde nicht entsprochen.

Saddams langer Weg zum Galgen begann rückblickend, wenn man so will, am 22. September 1980, als er der irakischen Armee befahl, den Iran auf einer 600 Kilometer breiten Front anzugreifen. Die Fehlkalkulation, auf deren Basis er diesen Krieg vom Zaun brach, machte ihn fortan zum Getriebenen, der in das Räderwerk der unterschiedlichsten Interessen geriet. Sein Aufstieg und sein Fall stehen im unmittelbaren Zusammenhang mit der jüngeren Geschichte des staatlichen Kunstgebildes Irak, das Anfang der 1920er Jahre von den Briten kreiert wurde.

Eine umfassende Darstellung der Person Saddam Hussein wird daher immer auch auf die Geschichte des Irak eingehen müssen.

* * *

Der heutige Irak – *Araki* für sumerisch „Aufgang der Sonne" – entstand in den Jahren 1920/1921 aus den drei osmanischen Provinzen Mossul, Bagdad und Basra. Mit Ausnahme der Grenze zum Iran wurde der Grenzverlauf von der Kolonialmacht Großbritannien bestimmt. Diesen drei Provinzen entsprechend zerfällt der Irak in drei verschieden ethnisch-religiös geprägte Landesteile: Im Norden dominieren die Kurden, in der Landesmitte die sunnitischen Araber und im Süden die Schiiten.

Die irakischen Provinzen, die bis zum Ersten Weltkrieg zum Osmanischen Reich gehört hatten, wurden in dessen Verlauf zum Kriegsschauplatz. Am 23. November 1914 besetzten britisch-indische Truppen die Provinz Basra; sie sahen sich allerdings mit dem heftigen Widerstand deutscher und osmanischer Truppen konfrontiert, die den Vormarsch zunächst zum Stillstand bringen konnten. Nach einer Atempause besetzten britische Truppen 1917 dann zusammen mit aufständischen Arabern, die sich vom Osmanischen Reich loslösen wollten, Bagdad. 1918 fiel Kirkuk in die Hände der Briten. Ziel war eigentlich die Inbesitznahme und Ausbeutung der erdölreichen Region um Basra, weil die Royal Navy bis dato auf Öllieferungen aus dem benachbarten Iran angewiesen war. Als Gegenleistung für die arabische Unterstützung sicherte die britische Regierung die Gewährung eines unabhängigen arabischen Staates nach einem Sieg über das Osmanische Reich zu. Bereits 1916 aber hatten Frankreich und England in einem Geheimabkommen die arabischen Provinzen des Osmanischen Reiches einvernehmlich untereinander aufgeteilt: Der französische Diplomat Charles Picot und der britische Diplomat Sir Mark Sykes hatten zu diesem Zweck auf einer Landkarte blaue und rote Territorien gekennzeichnet; die blauben Gebiete sollten zusammen mit einer A-Zone zu Frankreich kommen, die roten Gebiete zusammen mit einer B-Zone zu Großbritannien: Sie schlossen das sogenannte Sykes-Picot-Abkommen. Die Provinzen Basra und Bagdad lagen dabei in der roten, Mossul aber

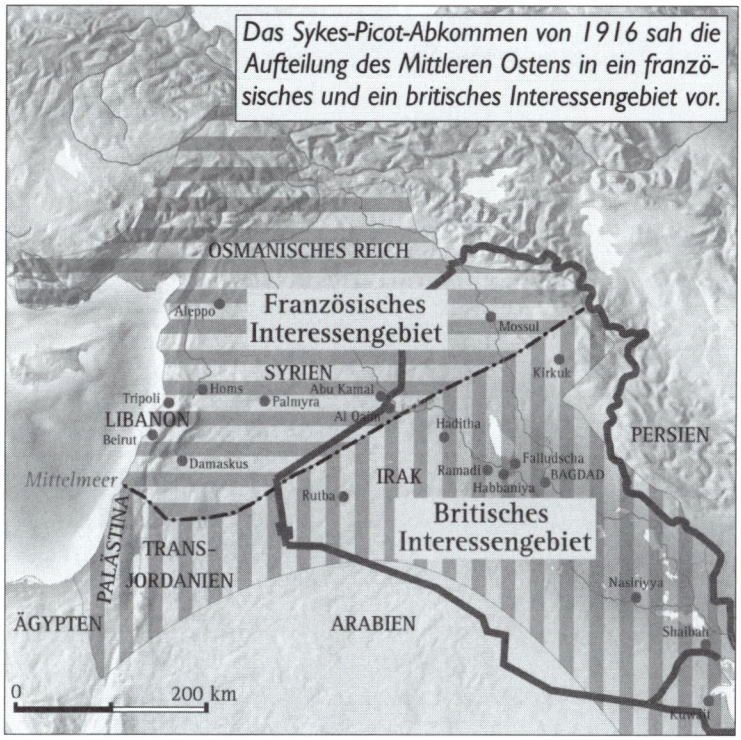

Das Sykes-Picot-Abkommen von 1916 sah die Aufteilung des Mittleren Ostens in ein französisches und ein britisches Interessengebiet vor.

in der A-Zone, die zu Frankreich kommen sollte. Mit der Besetzung der Provinz Mossul durch britische Truppen setzte sich Großbritannien nicht nur über seine Zusagen gegenüber den Arabern hinweg, sondern düpierte auch noch die Franzosen. Die in der Provinz Mossul vermuteten Erdöllagerstätten ließen die Briten jegliche Vereinbarungen vergessen. Ende 1918 kontrollierte Großbritannien dann faktisch alle drei Provinzen des Irak.

1918 sickerte in der arabischen Welt und damit auch in den irakischen Provinzen langsam durch, daß Großbritannien nicht daran denken würde, sich an seine Vereinbarungen zu halten – vor allem die Publizierung des Inhalts des Sykes-Picot-Abkommens durch die neuen Machthaber in Rußland trug zur Verbreitung der Wahrheit bei. Als Reaktion darauf formierte sich der arabische Widerstand, der sich zunehmend heftiger äußerte und der auch über „Bestechung" in Form von Übertragung bestimmter Privilegien nicht mehr eingedämmt werden konnte. Von dieser Privilegierung profitierten gleichwohl vor allem irakische Stammesfürsten, Großgrundbesitzer oder reiche Familien, die im Zuge dieser Maßnahmen 90 Prozent des irakischen Bodens erhielten. Im Jahre 1920 kam es zu einer Revolte, die sowohl Briten als auch Irakern einen hohen Blutzoll abverlangte. Um die Gefahr eines neuen Aufruhrs zu bändigen, wurde von der britischen Regierung am 27. August 1921 Faisal, Sohn des Sherifen Hussein von Mekka, zum König Faisal I. ausgerufen, was die Geburtsstunde des modernen Irak markierte. Die Aufnahme des Irak in den Völkerbund erfolgte am 3. Oktober 1932.

Von einer tatsächlichen Souveränität des irakischen Staatsgebildes konnte freilich nicht die Rede sein, dafür waren seine Rohstoffreserven auch damals schon geostrategisch zu wichtig. Die Rechte am Erdöl blieben mehr oder weniger in britischer Hand. Darüber hinaus wurde eine Führungsschicht etabliert, die deutlich unter britischem Einfluß stand und sich mit dieser verwässerten Form der Unabhängigkeit, deren Garant die britische Schutzmacht blieb, begnügte. Dieser Zustand dauerte bis ins Jahr 1958, als es einer Gruppe unter der Führung von Abd al-Karim Qasim und Abd al-Salam Arif, die sich „Freie Offiziere" nannten, am 14. Juli 1958 gelang, den probritischen Monarchen Faisal II. (1935–1958) zu stürzen und die „Republik Irak" auszurufen. König Faisal II., der Regent Abd al-Ilah und Ministerpräsident Nuri al-Sa'id wurden ermordet. Qasim wurde Ministerpräsident und Arif für kurze Zeit dessen Stellvertreter sowie Innenminister, bis er nach einem Machtkampf mit Qasim aller Ämter enthoben wurde.

Qasim verkörperte den national-patriotischen Flügel
der Unabhängigkeitsbewegung – arabisch *Watani* –,
dessen Vertreter sich in der Mehrheit von dem pan-arabischen Gedanken distanzierten. Um Arif sammelte
sich das heterogene pan-arabische Lager – das sogenannte *Qaumi* –, das sich aus „Freien Offizieren", Akti-
visten der Unabhängigkeitspartei, Nasseristen und Mitgliedern der Baath-Partei zusammensetzte. Innenpolitisch trat mehr und mehr eine Bewegung aus pan-isla-
mistischen Parteien und Nationalisten auf den Plan, zu
der auch die Baath-Partei – „Partei der Wiedergeburt"
– gehörte. Ihre Wurzeln hatte diese Partei eigentlich in
Syrien; dort hatten pan-arabische Politiker und Intel-
lektuelle schon Anfang der 1940er Jahre angeprangert,
daß die arabische Nation durch künstliche Grenzen gespalten sei, für die sie das europäische Kolonial- und
Mandatssystem verantwortlich zeichneten. Ihrer Meinung nach sei die arabische Welt eine einheitliche
Nation, die auch eine einheitliche Führung benötigte.
Diese pan-arabische Bewegung mündete dann am 4.
April 1947 in die Gründung der Baath-Partei. Diese Partei gewann schnell an Einfluß. Gemäß ihrer pan-arabischen Ausrichtung wurden Ableger dieser Partei auch
in anderen Ländern gegründet, darunter auch eine im
Irak im Jahre 1950. Das Programm dieser Partei kann
auf die drei Schlagworte *Einheit, Freiheit, Sozialismus* gebracht werden. *Freiheit* stand für die restlose Beseitigung der Fremdherrschaft, *Sozialismus* für den Aufbau
einer gerechten Gesellschaftsordnung und *Einheit* für
die Errichtung eines einheitlichen arabischen Reiches.

* * *

Das Jahr 1958 markierte das Ende der Monarchie
und auch das Ende der britischen Hegemonie im Irak.
Die ungenutzten Ölfördergebiete wurden der sich

mehrheitlich im ausländischen Besitz befindenden „Iraq Petroleum Company" (IPC) entzogen und unter die Hoheit der staatlichen „Iraq National Oil Company" (INOC) gestellt. Unter den verstaatlichten Ölfördergebieten befand sich auch das bedeutende Rumailah-Ölfeld. Vor einer Nationalisierung der IPC insgesamt schreckte die neue irakische Regierung noch zurück, wohl das Schicksal des iranischen Präsidenten Mohammed Mossadegh bedenkend, der nach der Verstaatlichung der „Anglo-Iranian Oil Company" (AIOC) gestürzt worden war. Zu einer Verstaatlichung der gesamten irakischen Erdölwirtschaft sollte es erst 1972 auf Betreiben von Saddam Hussein kommen. Darüber hinaus wurde von Qasim die Aufnahme diplomatischer und wirtschaftlicher Beziehungen mit sozialistischen Staaten in die Wege geleitet. In dem kurzen demokratischen Frühling, den das Land erlebte, wurden sogar erstmals die Kurden als Volksgruppe anerkannt.

Qasim sah sich aufgrund der Machtfülle der Baath-Partei gezwungen, nach Bündnispartnern Ausschau zu halten, und wendete sich aus rein machttaktischen Gründen der Kommunistischen Partei des Irak (IKP) zu, die damals deutlich größer als die Baath-Partei war und sich durch einen starken Zulauf von Kurden und Schiiten auszeichnete. Die pan-arabische Vision, die in den Reihen der „Freien Offiziere" und in der Baath-Partei gehegt wurde, mußte wohl auch aus diesem Grunde Illusion bleiben: Ein Putschversuch im Dezember 1958, in den auch ein junger Mann namens Saddam Hussein verwickelt war, scheiterte kläglich.

Außenpolitisch bauten Amerikaner und Briten sehr schnell eine Drohkulisse auf, weil die Politik des neuen Irak ihren Interessen zuwiderlief. Am 8. Februar 1963 wagte die irakische Baath-Partei erneut einen diesmal erfolgreichen Putsch gegen

Qasim, der im Laufe der Ereignisse erschossen wurde. Die Baath-Partei besetzte die wichtigsten Funktionsstellen mit ihren Leuten, brachte aber, offensichtlich weil sie die Zeit für eine Alleinherrschaft noch nicht gekommen sah, Abd al-Salam Arif in das irakische Präsidentenamt. Die Baath-Partei konnte sich aufgrund von Fraktionskämpfen jedoch nur kurze Zeit der Macht erfreuen; Abd al-Salam Arif gelang es schon bald, die Macht an sich zu reißen, die er bis zu seinem Tode am 16. April 1966 halten konnte. Sein Bruder, der ihm im Amt folgte und im Juni 1967 die diplomatischen Beziehungen mit den USA abbrach, wurde bei einem weiteren Putsch der Baath-Partei am 30. Juli 1968 gestürzt. Oberstes Staatsorgan wurde der „Revolutionäre Kommandorat" (RKR), dem Ahmad Hassan al-Bakr – der zugleich auch Staatspräsident, Parteichef und Oberster Befehlshaber war – vorstand. Von nun an begann unaufhaltsam der Aufstieg Saddam Husseins, der bald schon als der zweite Mann hinter Ahmad Hassan al-Bakr galt.

* * *

Wer war dieser Mann, der für die weitere Geschichte des Irak von so schicksalhafter Bedeutung werden sollte? Saddam Hussein, der einer Bauernfamilie entstammte, wurde am 28. April 1937 in Al-Audscha bei Tikrit geboren. Der leibliche Vater beging kurz vor der Geburt Selbstmord. Sein Geburtstag fällt angeblich auf den 800. Geburtstag Saladins, ein Zufall, der auf ein fingiertes Datum hindeutet. 1956 trat er der damals verbotenen Baath-Partei bei und nahm 1959 an einem erfolglosen Attentat auf Premierminister Qasim teil; ein verhängtes Todesurteil konnte aber aufgrund seiner Flucht nicht vollzogen werden. Am 17. Juli 1968 erlangte die Baath-Partei die Macht im Irak wieder. Saddam profilierte sich zunächst über Verhaftungen und Hinrichtungen von Kommunisten und linksgerichteten Intellektuellen. Im Frühjahr 1969 brachen Kämpfe zwischen Regierungstruppen und den Kurden aus, die schon seit 1961 gegen die irakische Zentralregierung kämpften. Saddam gelang es, mit den Kurden im März 1970 einen Friedensvertrag auszuhandeln, der ihnen ein gewisses Maß an politischer Autonomie gewährte. Die Auseinandersetzungen sollten sich allerdings bis in den März 1975 hinziehen. Zu diesem Zeitpunkt stellte der Iran im Zuge des sogenannten Abkommens von Algier, das die Neuregelung der Grenzen am Schatt al-Arab betraf, die militärische und finanzielle Unterstützung der Kurden ein.

Eine andere bedeutsame politische Entscheidung im Zuge der Annäherung an Moskau war die Verstaatlichung der IRC am 1. Juni 1972. Hintergrund für diese Entscheidung war wohl die Unterstützung der irakischen Ölförderung durch die UdSSR. Im selben Jahr wurde ein irakisch-sowjetischer Vertrag über 20 Jahre währende „Freundschaft und Zusammenarbeit" geschlossen, der unter anderem der Stärkung der irakischen Verteidigungsfähigkeit dienen sollte. Moskau sollte in der Folge einer der Hauptlieferanten für Waffen werden. Die Verstaatlichung der Ölindustrie und die Maßnahmen der OPEC zur Begrenzung der Öllieferungen führten zu einer spürbaren Erhöhung des Lebensstandards im Irak.

Die Annäherung an Moskau, aber auch die israelkritische Haltung des Irak, die sich in der Unterstützung der „Palästinensischen Befreiungsfront" (PLO) manifestierte, brachte den Irak zunehmend mit den USA in Konflikt; die USA wiederum nutzten den Iran als Instrument, um den Irak unter Druck zu setzen.

Als diplomatischer Erfolg des Iran muß in diesem Zusammenhang das Abkommen von Algier gewertet werden. Der Iran wurde hierbei massiv von den USA unterstützt. Bedeutendster Bestandteil war die Neuregelung der Grenze am Schatt al-Arab und damit der Kontrolle der Schiffahrtsstraße; der Fluß war für beide Länder gleichermaßen für den Transport von Öl in den Persischen Golf von Bedeutung. Laut Vertrag von 1937 hatte der Irak die alleinige Kontrolle über diesen Schiffahrtsweg; der Iran hatte jedoch diesen Vertrag 1969 außer Kraft gesetzt und konnte mit dem Vertrag von Algier, der klar zu Lasten des Irak ging, seine Politik sanktionieren. Den Vertrag mit dem iranischen Schah Mohammad Reza Pahlavi über den Grenzverlauf des Schatt al-Arab und die gegenseitige Nichteinmischung in innere Angelegenheiten schloß im übrigen Saddam Hussein.

Am 1. Juli 1973 ernannte der irakische Revolutionsrat Saddam Hussein zum Drei-Sterne-General der irakischen Streitkräfte; später sollte er sich selbst zum Feldmarschall ernennen. Innenpolitisch spitzten sich die Konflikte zwischen Saddam Hussein und Ahmad Hassan al-Bakr vor allem in der Frage der Behandlung der Schiiten zu. 1977 führten Unruhen unter den Schiiten zur Spaltung der Baath-Partei. Während Präsident Bakr einen ausgleichenden Kurs befürwortete, plädierte Hussein für eine kompromißlose Unterdrückung der Schiiten.

* * *

1979 ernannte Präsident Ahmad Hassan al-Bakr Saddam im Alter von 42 Jahren zum Vorsitzenden der Baath-Partei und zu seinem Nachfolger. Im selben Jahr wird er Generalsekretär der Baath-Partei, und am 16. Juli 1979 übernimmt er die Macht als Staats- und

Regierungschef. Mitglieder der Baath-Partei, die aus der Sicht Saddams nicht „auf Linie" liegen, werden ohne Prozeß zum Tode verurteilt und liquidiert. Über uneingeschränkte Macht sollte Saddam allerdings erst nach dem Tod Hassan al-Bakrs, des Gründers der Baath-Partei, und dem Tod von Kriegsminister Chairallah Talfah verfügen, der sein Leben bei einem immer noch ungeklärten Hubschrauberabsturz im Jahr 1989 verlor. Saddam nutzte seine Macht für Säuberungsmaßnahmen unter Regimegegnern, die sich insbesondere gegen die an der Regierung beteiligten Kommunisten richteten. Im Juli und August des Jahres 1979 ließ er zirka ein Drittel der Mitglieder des RKR sowie insgesamt etwa 500 Parteimitglieder hinrichten. Betroffen von den Säuberungen waren aber auch Regimekritiker in den Gewerkschaften, in der Armee oder in den Provinzregierungen. Im Januar 1980 kündigte Saddam dann eine neue, „demokratische Phase" für den Irak an, mit der Konsequenz, daß ein Parlament eingerichtet wurde, in dem freilich durch entsprechende „Kunstgriffe" nur solche Abgeordnete saßen, die Saddam genehm waren.

Außenpolitisch setzte sich Saddam von der Sowjetunion ab und näherte sich den Erdölstaaten der arabischen Halbinsel an. Die steigenden Einnahmen aus dem Erdölgeschäft ermöglichten es Saddam des weiteren, die Gehälter von Arbeitern und Angestellten zu erhöhen. Außerdem wurde eine Generalamnestie verkündet.

Nicht nur für Saddam Hussein sollte das Jahr 1979 schicksalhafte Weichenstellungen bereithalten, das aufgrund der Revolution im Iran große Veränderungen in der gesamten Region mit sich brachte. Ayatollah Khomeini gelang es in diesem Jahr, die Pahlewi-Dynastie zu stürzen und ein schiitisch-fundamentalistisches Programm im Iran zu verwirklichen. Im Zuge dieser Revolution brachen auch in anderen Län-

So sah sich der irakische Präsident gerne selbst: als volkstümlicher und wehrhafter Landesvater. Das Bild zeigt Saddam Hussein 1998 im Nordirak.

dern mit schiitischen Bevölkerungsteilen, wie Saudi-Arabien, Bahrain und Kuwait, Unruhen aus. Der Westen, insbesondere aber die USA, sahen die Ölversorgung gefährdet. In Saddam Hussein und seiner Baath-Regierung erkannte Khomeini einen seiner Hauptfeinde; entsprechend wurde die schiitische Opposition im Irak unterstützt. Der iranisch-schiitischen Organisation „Partei des Islamisches Rufes" wurden Anschläge auf Institutionen und Amtsinhaber der Baath-Partei angelastet, und der iranischen Regierung wurde die Unterstützung dieser Gruppe vorgeworfen. Die Hinrichtung des irakischen Schiitenführers Mohammed al-Bakr sowie die Deportation und Verfolgung zehntausender schiitischer Landsleute irakischerseits war die Reaktion auf die schiitischen Unruhen.

Der Ton zwischen dem Iran und dem Irak wurde in der Folge immer schärfer. Am 17. September 1980 folgte Saddam dem Iran und erklärte das Abkommen von Algier als nicht mehr bindend.

* * *

Am 22. September 1980 gab Saddam den Angriffsbefehl auf den Iran; es folgte ein Krieg, der zur längsten und blutigsten Auseinandersetzung werden sollte, die je zwischen Entwicklungsländern geführt worden ist. Streitpunkte waren die Hoheitsrechte am Schatt al-Arab sowie der irakische Anspruch auf die iranische Provinz Khuzestan, wo der Löwenanteil des iranischen Erdöls gefördert wurde. Hussein berief sich darauf, daß Khuzestan einmal Bestandteil des arabischen Abassidenreiches gewesen war. Rückblickend kann heute festgestellt werden, daß Saddam den Krieg in völliger Unterschätzung der Möglichkeiten des Gegners leichtfertig vom Zaun gebrochen hat. Seine Rechnung, daß sich die Araber Khuzestans dem „Befreier" Saddam Hussein anschließen würden, ging nicht auf. Im Gegenteil: Der Angriff auf den Iran führte zu einem inneriranischen Solidarisierungseffekt, der die Akzeptanz des Mullah-Regimes festigte und den Widerstandswillen gegen die irakischen Truppen bis ins Fanatische steigerte. Harten Widerstand leisteten vor allem die *Pasdaran* – zu deutsch „Revolutionswächter" –, die kaum einen Meter von ihren Stellungen zurückwichen. 1982 geriet der Irak mehr und mehr nicht nur militärisch in eine prekäre Lage, sondern auch ökonomisch, weil er nicht mehr in der Lage war, sein Öl über den Persischen Golf zu exportieren: Der Golf war zum größten Teil von der iranischen Luftwaffe und der Marine abgeriegelt. Ein finanzieller Kollaps des Irak drohte.

In diesem Moment intervenierten die Amerikaner zugunsten des Irak, die ihn zwar schon vorher, zum Teil aber auch den Iran unterstützt hatten. Der Irak wurde von der Liste der Staaten gestrichen, die den Terror unterstützten. Damit war der Weg für Anleihen von Institutionen der US-Regierung frei. Hingenommen wurde auch, daß Saddam seit Oktober 1983 Giftgas gegen die iranischen Truppen einsetzte. Im Dezember 1983 kam es zu dem berühmten Rumsfeld-Besuch in Bagdad; damals war Donald Rumsfeld Geschäftsführer des pharmazeutischen Unternehmens „Searle" und Ronald Reagans Sondergesandter für den Nahen Osten.

Die Hilfeleistungen für den Irak lagen hauptsächlich im finanziellen Bereich; auch arabische Staaten wie Kuwait und Saudi-Arabien leisteten Hilfe – etwa 50 Milliarden US-Dollar flossen im Laufe des Krieges seitens des Golf-Kooperationsrates. Insbesondere sorgten die USA dafür, daß der Irak ein großes militärisches Vernichtungspotential aufbauen konnte. In der Folge entwickelte sich zwischen Teheran und Bagdad eine Art Abnutzungskrieg, der auf ein Patt hinauslief, das am 20. August 1988 in einen Waffenstillstand mündete. Saddam hatte seinen Kopf aufgrund massiver finanzieller und materieller Hilfe aus dem Ausland gerettet.

Die Endphase des Krieges mit dem Iran nutzte er allerdings noch, um mit den Feinden im Innern abzurechnen; dabei kam es in dem Ort Halabdscha zu einem Massaker an den dortigen Kurden, dessen Umstände bis heute nicht geklärt sind; nichtsdestotrotz suggeriert die „veröffentlichte Meinung", daß Saddam sich hier erwiesenermaßen im Jahre 1988 der „Vergasung" von zirka 5.000 Kurden schuldig gemacht hat. Es sei hier nur auf eine entsprechende Stellungnahme von Stephen Pelletiere, Professor für Fragen der nationalen Sicherheit am U.S. Army War College in Pennsylvania, verwiesen, daß im Falle Halabdscha, als Kurden zwischen die Fronten gerieten, sowohl iranische als auch irakische Truppen Giftgas verwendet hätten. Um es vorsichtig zu sagen: Durch welches Giftgas die Kurden letztlich umkamen, ist bis heute nicht geklärt. Dennoch wurde Halabdscha zum Symbol für den „Schlächter und Massenmörder" Saddam Hussein; möglicherweise auch, weil bestimmte Kreise an der Stilisierung des orientalischen Despoten Saddam zur „Menschheitsbedrohung" ein dezidiertes Interesse hatten.

* * *

Es dürfte unbestritten sein, daß die Herrschaftsmethoden Saddams alle Kennzeichen einer „orientalischen Despotie" aufwiesen; Indizien hierfür sind die Ausübung totaler Macht, Personenkult, gezielter politischer Mord, aber auch ausgeprägtes Clan-Denken, das sich in Nepotismus und Günstlingswirtschaft äußert. Man wird allerdings darauf hinweisen müssen, daß derartige Herrschaftsmethoden in einer Reihe von Staaten dieser Welt nicht unüblich sind. Eine be-

sonders problematische Rolle in diesem Zusammenhang spielten Saddams Söhne Udai und Kusai; beide
stammten aus seiner ersten Ehe mit Sadschida Talfah,
die er 1963 geheiratet hatte. Aufgrund der vielen tatsächlichen oder behaupteten Affären Saddams lebte
Sadschida Ende der 1980er Jahre getrennt von ihrem
Ehemann; sie flüchtete zu ihrem Bruder, dem ehemaligen Verteidigungsminister Adnan Khairallah, der,
wie auch sein Vater, bei einem bis heute nicht geklär-
ten Hubschrauberabsturz ums Leben kam.

Udai, geboren 1964, ältester Sohn Saddams, der phasenweise wegen seiner Funktionen über beträchtlichen
Einfluß verfügte – unter anderem war er Präsident des
irakischen Journalistenverbandes –, galt lange Zeit als
Nachfolger seines Vaters. Udais Skrupellosigkeit und
sein verschwenderisches Luxusleben ließen ihn allerdings bei seinem Vater in Ungnade fallen. Möglicherweise war der weitverbreitete Haß auf Udai auch der
Grund für das Attentat auf seine Person im Dezember
1996, bei dem er schwere Verletzungen davontrug.
Udai soll unter anderem für den Mord an Saddams
Lieblingsdiener Kamel Hanah verantwortlich gewesen
sein, der häufig Treffen seines Vaters mit seinen jeweiligen Geliebten arrangiert haben soll. Auch bei anderen
Liquidierungen, wie zum Beispiel der des ehemaligen
Innenministers Watban al-Takriti, soll Udai beteiligt
oder zumindest der Drahtzieher gewesen sein. Wohl
auch deshalb hat sich hartnäckig das Gerücht gehalten,
daß Saddam über den Tod seines Sohnes bei dem Attentat 1996 nicht übermäßig unglücklich gewesen wäre. Udais Schwiegervater war der ehemalige Verteidigungsminister Ali Hassa al-Majid – Spitzname „Che-
mie-Ali" –, dem der Giftgas-Einsatz gegen die Kurden
in Halabdscha angelastet wird. Wie sein Bruder Kusai
kam Udai am 22. Juli 2003 in Mossul bei einen Feuer-
gefecht mit US-Truppen ums Leben.

Kusai, geboren 1966 in Bagdad, galt als zweitmächtigster Mann des Irak, nicht zuletzt deshalb, weil er die Sicherheitspolizei des Landes leitete. Ein Attentat im März 1997 überlebte er unverletzt. Kusai und Udai haben sich offensichtlich bei lukrativen Schmuggelgeschäften bereichert und auf diese Weise die „Familienkasse" erheblich aufgebessert.

Nicht viel Freude hatte Saddam mit den Ehen seiner beiden Töchter Raghad und Rana aus erster Ehe, deren Ehemänner General Hussein Kamil – ehemaliger Industrie- und Rüstungsminister – und Oberst Saddam Kamil Hassan sich in einer aufsehenerregenden Flucht nach Jordanien absetzten. Sie wurden zwar von Saddam begnadigt und kehrten daraufhin in den Irak zurück, sind aber später bei einem Rachefeldzug Saddams ermordet worden. Bei dieser Vergeltung sollen Medienberichten zufolge auch zwei Enkelsöhne Saddams ermordet worden sein.

Es gibt in der Geschichte viele Beispiele dafür, daß in einem derartigen Umfeld auch Schöngeistiges gedeihen kann. In der Regel begnügen sich Despoten und Gewaltherrscher mit trockenen politischen Traktaten oder Schriften, die *urbi et orbi* von ihrer unvergleichlichen Weisheit Zeugnis ablegen sollen. Kein Diktator ist bisher allerdings auf die Idee verfallen, ein philosophisches Märchen nach dem Vorbild der Märchen aus Tausendundeiner Nacht zu verfassen, wie es auf der Rückseite der deutschen Übersetzung des Saddam Hussein zugeschriebenen Buches *Zabiba und der König* zu lesen steht.

Im Mittelpunkt von Saddams Prosawerk steht ein König, der sich in Zabiba, eine „einfache" Frau aus dem Volk, verliebt. Sie überzeugt den König davon, daß er, wenn er seine Stellung festigen wolle, auf sein Volk zugehen und sich ihm öffnen müsse. In langen Gesprächen entwirft sie das Idealbild einer gerechten

Foto: dpa

Das undatierte Bild zeigt den irakischen Präsidenten Saddam Hussein (sitzend Mitte) mit seiner Familie und den Schwiegersöhnen Hussein Kamal Hassan (links) und dessen Bruder Saddam Kamil Hassan in Bagdad.

und klassenlosen Gesellschaft und zieht den König in ihren Bann. Zabiba hat ihren großen Auftritt bei einer Adelsverschwörung gegen den König, die sie zusammen mit einem Volksheer niederschlagen kann – allerdings um den Preis ihres Lebens. Möglicherweise hatte Saddam hier auch sein eigenes Schicksal vor Augen, läßt er doch einfließen: „Helden haben immer viele Feinde. Derjenige, der sich aus der Masse hervorhebt, ruft immer Neid hervor."

Es mag irritieren, daß Saddam in einer Zeit mit geschäfts- und staatspolitischen Ideen aufwartete, in der sich das Ende seiner Herrschaft mehr oder weniger deutlich abzeichnete. Möglicherweise aber bewog ihn der Wunsch, der Welt mehr zu hinterlassen als die Erinnerung an sein despotisches und phasenweise skrupelloses Machtgebaren. *Zabiba und der König* wäre vor diesem Hintergrund als politisches Vermächtnis zu lesen, das Saddam seinen Nachfolgern mit auf den Weg geben wollte. Daß das darin entfaltete Gesellschaftsmodell und die Ethik und Moral seiner Hauptfiguren so ziemlich das Gegenteil dessen darstellen, wofür Saddam und seine Paladine standen, werden Psychologen möglicherweise mit dem Drang nach innerer Reinigung erklären. Ob ihn bei der Abfassung von *Zabiba und der König* tatsächlich ein derartiges Bedürfnis nach innerer Katharsis angetrieben hat, darüber soll an dieser Stelle nicht weiter gemutmaßt werden.

Wo Saddam Hussein seine Neider und Feinde verortete, wird zu Beginn von *Zabiba und der König* deutlich gesagt: „Die ganze Welt wurde zu einem Alptraum", steht da geschrieben, „seitdem der Zionismus sich zu einer alles beherrschenden, hybriden Macht erhob und ein weltbedrohendes Bündnis mit Amerika schloß." „Uneingeschränkter Widerstand" gegen den Zionismus und Amerikanismus sei deshalb „lebenswichtig" für alle. Saddams Versuche allerdings, diesem von ihm sogenannten „Alptraum" mit Waffengewalt zu begegnen, endeten für den Irak in einer Katastrophe, die bis heute anhält. Für die Iraker begann mit dem Zweiten Golfkrieg im Jahre 1991 der Weg in einen Abgrund, dessen tiefste Niederungen noch immer nicht durchschritten sind.

* * *

Am Ende des Ersten Golfkrieges war der Irak zwar ein militärischer Koloß, wirtschaftlich aber mehr oder minder ruiniert. Aus der Sicht Saddams wuchs sich der Umstand bedrohlich aus, daß die Staaten des Golf-Kooperationsrates (GKR) nach der Eindämmung der „iranischen Gefahr", bei der die Schmutzarbeit dem Irak überlassen worden war, umgehend zur Tagesordnung übergingen und sich wieder der Gewinnma-

Foto: dpa

Saddam Hussein legte Wert auf seine enge Freundschaft zu den Palästinensern, deren Aufstände gegen die israelische Besatzung er unterstützte. Als „Antizionist" hatte er zu PLO-Chef und Palästinenserpräsident Jassir Arafat ein inniges Verhältnis. Das Foto zeigt Arafat und Hussein während eines Treffens in Bagdad im Jahr 1980. Hussein trägt ein Kufiya als Kopfbedeckung, das Symbol für den Widerstand der Palästinenser.

ximierung widmeten. Diese Entwicklung artikulierte
sich aufgrund der hohen Produktions- und Exportka-
pazitäten über einen immensen Preisdruck. Gleichzeitig verbesserte der GKR die Beziehungen zum Iran; eine rege Reisediplomatie setzte ein. Erhöhung der Ölfördermengen und sinkende Preise bedeuteten für
den Irak, der 1988 fünfundfünfzig Divisionen mit einer
Million Soldaten unter Waffen hatte und mit modern-
stem Kriegsgerät ausgerüstet war, die größtmögliche
Bedrohung. Aus der Sicht Saddams standen die Monarchen am Golf in tiefer materieller und moralischer
Schuld gegenüber dem Irak. Der Irak war auf hohe
Preise und niedrige Ölfördermengen angewiesen;
statt dessen erreichten Bagdad erste Anfragen, wie der
Irak seinen Schuldendienst zu gestalten gedenke.

In die Schußlinie Saddams geriet insbesondere Kuwait, das vom Irak beschuldigt wurde, am eifrigsten
für sogenannte „Dumping"-Preise auf dem Rohöl-
markt zu sorgen. Gleichzeitig klagte Saddam Kuwait
an, während des Ersten Golfkrieges das geographisch
unter beiden Staaten gelegene Rumailah-Erdölfeld an-
gebohrt zu haben. Kuwait, das schon immer als zum
Irak zugehörig galt, stellte ein lohnendes Ziel dar. Es
hatte erhebliche finanzielle Rücklagen vorzuweisen
und war im Besitz von 196 Millionen Faß Erdöl. Im Besitze Kuwaits hätte Saddam darüber hinaus ein Viertel der Erdölförderung im Nahen und Mittleren Osten
kontrolliert. Die USA verhielten sich Saddams Be-
gehrlichkeiten gegenüber scheinbar indifferent. Die
Eroberung Kuwaits am 2. August 1990 fand innerhalb
weniger Stunden statt; am 8. August wurde Kuwait
als 19. Provinz des Iraks annektiert.

Der Westen – unter der Führung der USA – reagierte in Form von gegen den Irak gerichteten UNO-Resolutionen aus der Sicht Saddams unvorhergesehen
hart. In der UNO-Resolution Nr. 660 wurde der Irak

aufgefordert, die Souveränität Kuwaits wieder herzustellen und seine Truppen zurückzuziehen. Die Resolution Nr. 661 drohte dem Irak Sanktionen an. Auch der GKR schloß sich vor dem Hintergrund der Maxime, daß kein arabisches Land ein anderes annektiert, den UNO-Resolutionen an. In der UNO-Resolution Nr. 678 wurde die Wiederherstellung des Status quo bis zum 15. Januar 1991 gefordert; ansonsten würde auf Waffengewalt zurückgegriffen werden. Da Saddam nicht bereit war, diese Forderungen zu erfüllen, startete am 7. August 1991 eine Koalition unter Führung der USA die Operation „Desert Shield", die für Saddam und den Irak in einem Fiasko endete. Am Ende der Operation hatte man zirka 400.000 tote Iraker zu verzeichnen, davon 150.000 Soldaten. Saddam blieb zwar an der Macht, aber der Irak wurde mit einem

Personenkult um den Präsidenten: Ein Händler bietet in einem Laden in Bagdad zahlreiche identische Porträt-Bilder des irakischen Präsidenten Saddam Hussein zum Verkauf an. Sie durften in keinem Basar, in keiner Behörde und in keiner Schule fehlen.

Sanktionsregime überzogen, das drastische Folgen für die irakische Bevölkerung hatte. Es starben bis 2005 allein eine halbe bis anderthalb Millionen irakische Kinder, da notwendige Medikamente nicht zur Verfügung standen.

Es gibt Stimmen, die behaupten – unter ihnen der ehemalige irakische Außenminister Tarek Aziz –, daß Saddam Hussein in seinen letzten Regierungsjahren den Bezug zur Wirklichkeit verloren habe. Dafür spricht, daß er nicht alle diplomatischen Mittel und Wege ausgeschöpft hatte, um der von den USA angeführten Invasion in den Irak, die sich schon lange vor 2003 abgezeichnet hatte, zu entgehen. Das Beispiel des Zweiten Golfkrieges von 1991 vor Augen, als sich die irakische Armee samt „Republikanischer Garde" als zahnloser Tiger entpuppte, hätte bei Saddam und seiner Regierung in den Jahren 2002/03 fieberhafte diplomatische Aktivitäten auslösen müssen. Statt dessen schien es so, als habe sich der irakische Präsident in der Endphase seiner Regierungszeit in sein Schicksal ergeben.

Immer wieder ist darüber spekuliert worden, warum Saddam Hussein nach dem Zweiten Golfkrieg an der Macht geblieben ist. Einen Hinweis gibt ein geheimes Papier des US-Außenministeriums vom 20. März 1984, das sich in kürzlich freigegebenen Papieren der Irak-Abteilung des „National Security Archives" befindet. In diesem Papier heißt es in Hinblick auf den Verlauf des Irak-Iran-Krieges: „[Eine] mögliche irakische Niederlage … wird wahrscheinlich zu einem … pro-iranischen Regime in Bagdad führen. Dieses Resultat würde die Region am meisten destabilisieren und unsere Interessen am Golf bedrohen." Saddams Verbleib an der Macht, so deutet das Papier an, sei für die USA sogar von Interesse: „Das alternative Szenario einer Kompromißlösung, bei der das Regime von Saddam Hussein abgesetzt und durch eine andere säkulare Regierung ersetzt wird, die mit dem Iran Frieden schließt, aber ihre Unabhängigkeit von Teheran bewahrt, wäre weniger bedrohlich, würde aber das Ansehen des Irans erhöhen und ihn ermutigen, seinen Einfluß in der übrigen Region geltend zu machen."

Warum die USA von dieser Sichtweise schließlich abgerückt sind, um dann unter dem Banner, die Welt von der angeblichen Bedrohung durch die Massenvernichtungswaffen des „größenwahnsinnigen" Saddam retten zu müssen, darüber kann nur spekuliert werden. Seit dem Ende des Dritten Golfkrieges im Jahre 2003 versinken die USA nun mehr und mehr im irakischen Sumpf, in dem sich Sunniten, Schiiten und Kurden bis aufs Messer bekämpfen. Evident ist nur eines: Dieser Krieg hatte weder etwas mit der Bedrohung der Welt durch Saddam Hussein zu tun noch mit dessen angeblichen Verbindungen zum „Terrornetzwerk" Al Kaida noch mit seiner vermeintlichen Beteiligung an den Anschlägen in den USA am 11. September 2001. Sollte nackte Habgier nach den Ölreserven des Irak die dominierende Rolle gespielt haben, wie zum Beispiel der oben bereits zitierte Stephen Pelletiere behauptet, dann zahlen die USA einen sehr hohen Preis für ihren völkerrechtswidrigen Angriffskrieg gegen den Irak und für die endgültige Demontage Saddam Husseins.

Es sollte zu denken geben, wie schnell sich die Amerikaner des lästigen Mitwissers Hussein entledigten, der erst zum Instrument von US-Interessen aufgebaut, dann zum Pathologen beziehungsweise zur Menschheitsbedrohung stilisiert und schließlich gehängt wurde. Der Mohr hatte offensichtlich seine Schuldigkeit getan und mußte gehen, und zwar möglichst ohne lästige „Kollateralschäden" im (Des-)Informationskrieg zu hinterlassen.

„Vom hofierten Staatsmann zum brutalen Henker"

Im Gespräch mit Jamal Karsli

Ochsenreiter: *Herr Karsli, Sie besuchten im Jahr 2002 mit einer internationalen Delegation als nordrhein-westfälischer Landtagsabgeordneter der „Grünen" den Irak. Wie war die internationale Situation damals?*

Karsli: Es war eine Zeit, in der viele westliche Länder versuchten, ihre Beziehungen zum Irak, die spätestens seit dem Golfkrieg 1991 empfindlich gestört waren, wieder zu verbessern. Der Irak hat zu jener Zeit sehr unter dem internationalen Embargo gelitten, welches vor allem die USA durchgesetzt hatten.

Ochsenreiter: *Worum ging es bei diesem zaghaften Tauwetter?*

Karsli: Vor allem natürlich um wirtschaftliche Interessen. Das Embargo behinderte den Handel. Und von einer Lockerung hätten alle Beteiligten profitiert.

Ochsenreiter: *Wie verhielt sich die Bundesrepublik Deutschland?*

Karsli: Eher ängstlich und zurückhaltend.

Ochsenreiter: *Weshalb?*

Karsli: Das lag wohl vor allem an den engen Beziehungen zu den USA, die die Bundesrepublik nicht belasten wollte. Das war vor allem für die Iraker schwer zu verstehen, da Deutschland immer ein traditionell gutes Verhältnis – sowohl wirtschaftlich als auch politisch – zum Irak hatte.

Ochsenreiter: *Gab es Schwierigkeiten vor Ihrer Reise?*

Karsli: Und ob. Die Deutsch-Irakische Gesellschaft hat sich sehr lange um die Reise bemüht. Zweimal mußte die Reise abgesagt werden. Schließlich erfuhren wir

Der damalige Grünen-Politiker Jamal Karsli, geboren in Syrien, besuchte im Jahr 2002 mit einer multinationalen Delegation den Irak. Zu jener Zeit litt die irakische Bevölkerung unter dem internationalen Wirtschaftsembargo.

erst zwei Tage vor Abreise den genauen Termin. Die UNO mußte den Irak-Besuch genehmigen.

Ochsenreiter: *Sie waren damals Mitglied der „Grünen".* *Wie waren dort die Reaktionen auf Ihr Irak-Engagement?*

Karsli: Ich ging nicht zuletzt aus dem Grund zu den „Grünen", da ich schon immer der Meinung war, mich für die Menschenrechte einsetzen zu müssen. Auch heute ist das noch so. Ich habe stets sehr genau verfolgt, was im Irak und in der gesamten Region passiert, meine Wurzeln liegen dort. Ich wollte nicht akzeptieren, daß in einem Land jeden Monat mehr Menschen durch die Auswirkungen eines Embargos sterben als in New York und Washington einmalig durch die Anschläge des 11. September 2001. Kaum jemand wußte das damals, und kaum jemand weiß das heute. Ich versuchte, diesen skandalösen Umstand mehr als einmal in meiner Partei zu thematisieren. Seitens der Parteifunktionäre bekam ich allerdings fast nur negative Reaktionen. Es bestand am Schicksal des irakischen Volkes nur wenig Interesse. Aber auch andere Organisationen, die sich die Menschenrechte auf die Fahnen geschrieben haben, wie beispielsweise die „Gesellschaft für bedrohte Völker", haben lieber Kampagnen gegen mich geführt, anstatt auf das Leid im Irak hinzuweisen.

Ochsenreiter: *Wie lautete denn der Vorwurf, den man Ihnen machte?*

Karsli: Ich würde mich mit einem Diktator solidarisieren, ich sei gegen die Demokratie, ich würde eine Diktatur unterstützen und so weiter.

Ochsenreiter: *Wie setzte sich Ihre Delegation, mit der Sie den Irak besuchten, zusammen?*

Karsli: Wir waren eine internationale Gruppe, deren Mitglieder auch aus Tunesien und sogar aus den USA kamen. Aus Deutschland waren Mitglieder aller großen Parteien mit dabei; ich war als Landtagsabgeordneter allerdings der einzige höhere Mandatsträger. Die große Klammer aller Beteiligten war die Ablehnung des Embargos.

Ochsenreiter: *Welche Argumente setzten Sie dagegen?*

Karsli: Das Embargo war politisch einfach sinnlos, ja sogar kontraproduktiv. Die Leidtragenden des Embargos waren nicht Saddam Hussein und seine Regierung, sondern es litt das Volk im Irak, vor allem die Kinder.

Ochsenreiter: *Erfuhren Sie seitens der Bundesregierung, die sich damals aus den Sozialdemokraten und den „Grünen" – also Ihrer eigenen Partei – zusammensetzte, irgendeine Form der Unterstützung?*

Karsli: Nein, überhaupt nicht. Weder in Frankfurt am Main, den Ausgangspunkt unserer Reise, noch in Bagdad gab es irgendein Signal der deutschen Regierung, irgendeinen Hinweis, daß sie das Unternehmen positiv bewertete. Im Gegenteil, ich hatte das Gefühl, daß Berlin mit unserer rein humanitären Mission rein gar nichts zu tun haben wollte.

Ochsenreiter: *Wie war der Empfang in Bagdad nach Ihrer Landung?*

Karsli: Wegen des Flugembargos waren wir die einzige Maschine, die an diesem Tag in Bagdad landete. Wir wurden sehr freundlich von Herrn Alaa Abdul Majeed Hussein al-Hashemi, der irakischer Botschafter in der Bundesrepublik auch damals schon war, empfangen.

Ochsenreiter: *Wurden Sie als Repräsentant der Bundes-republik wegen deren prowestlicher Haltung eigentlich kritisiert?*

Karsli: Nein, überhaupt nicht. Deutschland hatte damals noch immer einen exzellenten Ruf im Irak.

Ochsenreiter: *Woher kommt das?*

Karsli: Die Ursache, weshalb Deutschland im Irak und überhaupt in der gesamten arabischen Welt so beliebt ist, liegt vor allem daran, daß die Deutschen keine kolonialen Sünden dort begangen haben – im Gegensatz zu den Briten und Franzosen oder den Amerikanern heute. Die deutsch-arabischen Beziehungen waren stets außerordentlich gut. Und so hat man sich in Bagdad eher gefreut und gehofft, daß sich nun auch in Deutschland endlich etwas bewegt und man sich in Berlin wieder für die Araber interessiert. Es gab also keine Kritik, sondern eher im Gegenteil einen sehr freundlichen und warmherzigen Empfang für die Delegationsmitglieder aus der Bundesrepublik.

Ochsenreiter: *Gab es gemeinsame deutsch-irakische Interessen?*

Karsli: Aber auf jeden Fall. Der damalige irakische Wirtschaftsminister erläuterte sehr eindrucksvoll, daß die deutsche Wirtschaft ebenfalls sehr unter dem Embargo gegen den Irak leidet.

Ochsenreiter: *Inwiefern?*

Karsli: Deutschland hatte durch dieses Embargo mindestens 65 Milliarden US-Dollar an Exportvolumen verloren.

Saddam Hussein trieb die Alphabetisierung der irakischen Bevölkerung voran. Auf dem Bild lernen irakische Schulanfänger lesen – mit einer Geschichte über ihren Präsidenten.

Ochsenreiter: _Führten Sie sonst noch Gespräche mit irakischen Offiziellen?_

Karsli: Mein wohl wichtigstes Gespräch führte ich mit dem damaligen irakischen Außenminister Tarek Aziz.

Ochsenreiter: _Worum ging es dabei?_

Karsli: Es ging mir vor allem hier auch wieder um die Menschenrechte. Laut kuwaitischen Angaben sollten im Irak noch immer kuwaitische Kriegsgefangene vom Krieg 1990/91 festgehalten werden, was der Irak allerdings vehement bestritt. Ich wollte dieser Sache auf den Grund gehen, und Tarek Aziz bestätigte mir gegenüber, daß sich keine kuwaitischen Gefangenen mehr im Irak befänden. Außerdem lag mir die Situation der Frauen im Irak sehr am Herzen; ich hatte die Gelegenheit, mit der Vorsitzenden der irakischen Frauen-Union zu sprechen. Auch der Umgang mit der kurdischen Minderheit war ein wichtiges Thema für mich, über das ich mit meinen Gastgebern diskutierte. Der Vize-Parlamentspräsident des Irak war damals übrigens selbst Kurde – auch mit ihm konnte ich sprechen. Auch mit verschiedenen Ausschußvorsitzenden kurdischer Herkunft konnte ich mich austauschen. Ich hatte immer den Eindruck, mit jedem ein offenes und ehrliches Gespräch geführt zu haben. Dies alles hat dazu beigetragen, daß ich mir ein eigenes, fundiertes Bild machen konnte.

Ochsenreiter: *Hatten Sie auch Gelegenheit, mit den „normalen" Irakern zu sprechen?*

Karsli: Aber natürlich! Das ist mir besonders leicht gefallen, da ja arabisch meine Muttersprache ist. So konnte ich dort einkaufen gehen und durch Bagdad spazieren. Auch dort war ich ständig mit den Auswirkungen des Embargos konfrontiert.

Ochsenreiter: *Inwiefern?*

Karsli: Beispielsweise habe ich mich mit einem alten Freund, einem syrischen Geschäftsmann, der in Bagdad lebt, zum Essen in einem Restaurant getroffen. Als die Rechnung kam, packte er eine große Tüte aus und beglich mit unzähligen, abgegriffenen Scheinen die Summe von gerade mal 30 Mark. Die Inflation, verursacht durch den wirtschaftlichen Würgegriff, in dem sich das Land befand, war überall zu spüren. Viele früher eher wohlhabende Leute konnten es sich zu jenem Zeitpunkt schon lange nicht mehr leisten, Essen zu gehen. Geldentwertung ist demokratisch – sie trifft einfach jeden.

Ochsenreiter: *Haben Sie sich mit Irakern auch über ihren damaligen Präsidenten Saddam Hussein unterhalten?*

Karsli: Natürlich. Aber die Iraker waren insgesamt sehr reserviert bei diesem Thema. Viele wollten das Thema ganz vermeiden oder sprachen demonstrativ neutral oder positiv über ihn.

Ochsenreiter: *Warum?*

Karsli: Machen wir uns nichts vor. Der Irak war eine Diktatur und Saddam Hussein ein Diktator. Es gab Geheimdienste, und jeder wußte das und zog es vor, keine Probleme mit den staatlichen Behörden zu bekommen.

Ochsenreiter: *Wie wirkte sich das Embargo auf das Verhältnis der Iraker zu ihrem Präsidenten aus?*

Karsli: Das ist ja überhaupt das Interessanteste! Das Embargo bewirkte genau das Gegenteil dessen, was der Westen offiziell wollte. Statt Saddam Hussein zu schwächen, wurde er gestärkt. Die Iraker rückten zusammen, stellten sich hinter ihren Präsidenten. Denn der für alle sichtbare Grund für die miserable Situation des Irak waren die Handelsschranken – und nicht etwa der Präsident. Mit dem Unmut über den Westen wuchs auch die Unterstützung für Hussein. Kritiker Husseins und Oppositionelle wurden dadurch neutralisiert.

Ochsenreiter: *Die Maßnahmen des Westens stärkten also das Regime?*

Karsli: Auf jeden Fall. Sie müssen sich vorstellen, wie konkret dieses Embargo das irakische Volk betraf. Die Iraker fragten sich: Wer ist schuld daran, daß mein Kind stirbt, weil es keine Medikamente gibt? Wer ist schuld daran, daß wir hungern müssen? Wer ist dafür verantwortlich, daß wir nicht mehr verreisen können, weil unser Geld nirgendwo in der Welt noch etwas wert ist? Es war immer der Westen, und Saddam Hussein wußte diesen Unmut natürlich geschickt für sich zu nutzen. Es starben mehr als anderthalb Millionen Iraker an den Folgen des Embargos, ein Drittel davon waren Kinder! Leichter konnte der Westen es Saddam Hussein kaum machen, Anhänger zu sammeln…

Ochsenreiter: *Welchen Eindruck hatten Sie eigentlich von Hussein? War er der brutale Despot, als den der Westen ihn immer darstellte, oder war er ein „normaler" Diktator, durchaus nicht untypisch für diese Region?*

Karsli: Saddam Hussein war ein Diktator. Dieser Region mangelt es nicht an Diktatoren. Saddam Hussein war mit Sicherheit alles andere als ein Demokrat westlicher Prägung – aber das Scheusal, als welches er in den westlichen Medien dargestellt wurde, war er jedenfalls nicht. Er ging mit seinen Gegnern außerordentlich hart um. Das steht alles außer Frage.

Ochsenreiter: *…und galt lange Zeit als Freund des Westens.*

Karsli: Ist das nicht sonderbar? Hussein wandelte sich quasi über Nacht vom von aller Welt hofierten Staatsmann zum brutalen Henker.

Ochsenreiter: *Wie ist dieser Wandel zu erklären?*

Karsli: Saddam Hussein hatte die Schmutzarbeit gemacht. Er hatte achteinhalb Jahre Krieg gegen den Iran geführt – einen furchtbaren, opferreichen Krieg, zu dem er vom Westen geradezu angestiftet wurde. Über

Durch die Verstaatlichung der Ölindustrie erfuhr unter Saddam Hussein das ganze Land einen Aufschwung. Das Bild zeigt die „El Durah"-Ölraffinerie in Bagdad.

eine Million Menschen mußten während dieses völlig sinnlosen Krieges ihr Leben lassen. Der Mohr hatte seine Schuldigkeit getan.

Ochsenreiter: *Aber inwiefern profitierte der Westen von diesem Krieg?*

Karsli: Dieser Krieg bedeutete das Ende der Macht der OPEC, deren führende Mitglieder der Irak und der Iran gewesen waren. Vorher bestimmte die OPEC den Ölpreis, nach diesem Krieg hatte der Westen die Macht, die Ölpreise zu diktieren.

Ochsenreiter: *Und Hussein?*

Karsli: Der wurde während des Krieges immer selbstbewußter und dadurch auch – aus westlicher Sicht –

immer illoyaler. Er wurde unberechenbar. In einer Weltregion, in der mehr als 100 Millionen Tonnen Öl gefördert werden, wird das von den USA nicht toleriert.

Ochsenreiter: *Wie entwickelte sich der Irak unter der Herrschaft Saddam Husseins?*

Karsli: Er wurde moderner. Hussein hatte vor, den Irak zu einem der modernsten Staaten in jener Region zu machen. Es gelang ihm, binnen kurzer Zeit das gesamte Land zu alphabetisieren, und er setzte die Gleichberechtigung von Mann und Frau politisch durch. Das Staatsideal der Baath-Partei war ein moderner, säkularer Staat. Die Religion spielte keine übergeordnete Rolle. Der Irak strahlte ein neues Selbstbewußtsein aus – das die gesamte arabische Welt zur Kenntnis nahm. Viele Wissenschaftler kamen, um an den irakischen Universitäten zu lehren und zu arbeiten. Man verdiente gut als Akademiker. Bis zu Husseins erstem großen, und auch entscheidenden Fehler, dem Angriff auf den Iran, gelang es ihm, den Irak zu einem wirklich fortschrittlichen Land aufzubauen.

Ochsenreiter: *Was geschah im Irak während des Krieges?*

Karsli: In allen Kriegsländern leidet die Wirtschaft enorm. Junge Männer stehen an der Front und nicht auf dem Feld oder im Betrieb. Vor dem Krieg war ein irakischer Dinar drei Dollar wert – nach dem Krieg bekam man für einen Dollar sechs Dinar. Nach dem Krieg gegen Kuwait war die Entwertung der einst starken irakischen Währung perfekt: Ein Dollar hatte den Gegenwert von 250 Dinar. Die Kriege und deren Folgen haben alles Positive wieder vernichtet, was Saddam Hussein zuvor aufgebaut hatte.

Ochsenreiter: *Sie haben bereits angedeutet, daß die Religion nur eine untergeordnete Rolle im Irak spielte – im Gegensatz zu heute…*

Karsli: Man hat davon im Irak überhaupt nichts mitbekommen. Heute, im nachhinein, versucht man gerne, diese Sache zu dramatisieren. Die Mehrheit des irakischen Militärs bestand aus schiitischen Offizieren, die Regierung war gemischt schiitisch und sunnitisch, Tarek Aziz war Christ. Die Menschen dort fühlten sich in erster Linie als Iraker und dann als Araber, Kurden oder Turkmenen und nicht als Schiiten, Sunniten oder Christen. Heute werden diese religiösen Unterschiede allerdings hochgespielt, um das Land zu zerstückeln.

Ochsenreiter: *Heutzutage gibt es eine massive Abwanderung vor allem des christlichen Bevölkerungsanteils des Irak, der sich immer wieder Gewaltaktionen militanter Islamisten ausgesetzt sieht.*

Karsli: Im Irak gab es etwa eine halbe Million Christen. Überhaupt ist Mesopotamien sehr von den verschiedenen christlichen Strömungen geprägt, die dort seit fast zweitausend Jahren wirken. Das war wirklich nie ein Problem in dieser Region. Jetzt sieht es im Irak leider anders aus.

Ochsenreiter: *Gab es so etwas wie ein irakisches „Nationalgefühl"?*

Karsli: Auf jeden Fall. Auch heute noch ist dieses Gefühl dort präsent, trotz der aufbrechenden Gegensätze.

Ochsenreiter: *Sie deuteten an, daß Sie sich auch für die Rechte und die Stellung der Frau einsetzen. Gab es mit dem Sturz von Saddam Hussein eine Veränderung hinsichtlich der Position der Frauen?*

Karsli: Es gab eine dramatische Veränderung. Aber schon vor dem Sturz Saddams veränderte sich die Position der Frauen im Irak. So sind es vor allem sie, die an den Folgen des Embargos litten. In den Anfangsjahren Saddam Husseins waren die Frauen wichtige Motoren der gesellschaftlichen Modernisierung. Jetzt werden sie immer mehr aus dem gesellschaftlichen Leben verdrängt, zurück in die Haushalte.

Ochsenreiter: *Die offiziellen Gründe für den US-Einmarsch in den Irak waren die angeblichen Verstrickungen Husseins in den 11. September 2001 sowie der angebliche Besitz von Massenvernichtungswaffen.*

Karsli: Das waren vorgeschobene Gründe! Die säkulare Baath-Regierung hätte sich niemals mit Islamisten eingelassen und ein Al Kaida-Kämpfer niemals mit Saddam Hussein. Da gibt es derart große ideologische Gegensätze, die jede Zusammenarbeit ausschließen.

Die UNO hatte das Land bereits komplett nach diesen Waffen durchsucht, als wir dort waren. Tarek Aziz berichtete, daß auch sämtliche Paläste des Präsidenten und sogar sein Schlafzimmer nach Massenvernichtungswaffen durchsucht worden waren – ohne irgendetwas zu finden!

Und man muß eines feststellen: Wenn jemand den religiös motivierten Terror in den Irak gebracht hat, dann waren das die Amerikaner.

Ochsenreiter: *Wie meinen Sie das?*

Karsli: Unter Saddam Hussein gab es weder einen Ableger der Organisation Al Kaida noch nennenswerte Anschläge anderer religiöser Islamisten im Irak, weil Hussein diese konsequent bekämpfte und er die Bevölkerung dabei auf seiner Seite hatte. Heute, wo es ein

Machtvakuum durch den US-Einmarsch gibt, sieht es völlig anders aus. Ein Blick in die Nachrichten genügt.

Ochsenreiter: *Wie bewerten Sie den Prozeß, der Saddam Hussein gemacht wurde und der mit seinem Todesurteil endete?*

Karsli: Das war ein reiner Schauprozeß. Im Hintergrund diktierten die Amerikaner, wie die Verhandlung zu laufen hat. Weder die Richter noch der Staatsanwalt waren neutral, sie waren alle befangen. Nach rechtsstaatlichen Maßstäben hätten diese gar nicht eingesetzt werden dürfen. Daß Saddam Hussein auch noch an einem heiligen muslimischen Tag – am ersten Tag des Opferfestes – gehängt wurde, war der Gipfel dieses Schauprozesses.

Ochsenreiter: *Herr Karsli, ich danke Ihnen für das Gespräch.*

Foto: dpa

Unter ihm hatte der militante Islamismus im Irak keine Chance: Der irakische Präsident Saddam Hussein begutachtete am 1. Juli 1997 in Bagdad ein Modell der großen „Saddam-Moschee", die die größte Moschee der Welt werden sollte.

Zu Gast
bei Saddam

Von **Dr. Jörg Haider**

Aufzeichnungen des Kärntner Landeshauptmanns
über seine Besuche bei Saddam Hussein
im Jahre 2002.

***

Jetzt, an diesem Dienstagmorgen des 12. Februar 2002, sollte es nicht mehr lange dauern, und ich könnte mir selbst ein Bild jenes Mannes machen, der in den Augen der Öffentlichkeit seit langem eine Art Inbegriff alles Bösen abgeben sollte. Ja mehr noch, der seit langem schon als Person auf der Abschußliste der USA steht. *Dead or alive*, so lautet die Devise.

Heute, wo ich diese Zeilen zu Papier bringe, herrscht allerorts hektische Aufgeregtheit, weil durch eine Indiskretion eines Parteifreundes des US-Präsidenten George W. Bush, Senator Peter Fitzgerald aus Illinois, ans Licht gekommen ist, daß der US-Präsident auch vor einem Mordanschlag gegen den verhaßten Diktator vom Tigris nicht zurückschrecken würde. Präsident Bush hatte offenbar in seiner typisch martiali-

schen Art an Bord der „Air Force One" locker darüber
geplaudert, daß man Hussein im Falle einer freien
Schußbahn zur Strecke bringen würde. Freilich, Präsi-
dentensprecher Fleischer dementierte umgehend, um
nur ja keinen schwarzen Fleck auf jener Weste auf-
kommen zu lassen, die so gern als weißeste überhaupt
dargestellt wird. Tatsächlich fragt man sich, warum
hier wirklich dementiert wurde. Denn der zweite
Bush im Weißen Haus forderte nichts anderes als das,
was sein Vorvorgänger und Vater wenn schon nicht
selbst in den Mund genommen, so doch im propa-
gandistischen Vorfeld und als Begleitmusik des ersten
Golfkrieges mit in Umlauf gebracht hatte. Eines seiner
Sprachrohre war damals der konservative britische
Premierminister John Major gewesen, in dessen Fußstapfen als Scharfmacher jetzt der Labour-Premier
Tony Blair gestiegen ist. Major hatte damals in einer
Rede vor dem Unterhaus nichts an Klarheit vermissen

Der irakische Außenminister Naji Sabri (rechts) empfing Dr. Jörg Hai-
der bei seinem ersten Irak-Besuch am 12. Februar 2002.

lassen, als er ausgeführt hatte, daß er nicht um Saddam Hussein weinen würde, wie sein Los auch immer aussehen sollte. Und sein Kriegsminister King sprach offen davon, daß nicht nur die Zerschlagung des Militärapparates des Irak, sondern auch jene von Hussein persönlich das wahre Kriegsziel wäre. Und es sagte damals auf amerikanischer Seite noch eine Beraterin des Präsidenten, daß die Ermordung von Saddam Hussein diesmal gelingen könnte.

Langsam begann sich auch bei unseren Dolmetschern Unruhe breit zu machen, als sich plötzlich eine Türe öffnete. Aber es war nicht Saddam Hussein, sondern Tarek Aziz, mit dem wir am Vorabend ja lange und ausführlich diskutiert hatten, der mir entgegenkam. Mit ihm gemeinsam durchschritt ich noch einige prunkvolle Hallen, bis wir schließlich endgültig in den Unterredungsräumlichkeiten angelangt waren, wo Saddam Hussein uns erwartete. Im Schlepptau hatten wir einen Kameratrupp des irakischen Fernsehens und einige Fotographen, die später jene Bilder vom Begrüßungs-Händedruck aufzeichnen sollten, die für die politisch Korrekten in Österreich und weit darüber hinaus bis heute das dürftige Material für undifferenzierte Anschuldigungen wie den Vorwurf von insgeheim gehegten Sympathien für einen Diktator, der die Menschenrechte mit Füßen tritt, liefern. Ich habe kaum jemals etwas Lächerlicheres als diese Vorwürfe gehört. Denn die ganz simple Wahrheit ist, daß die Begrüßung mit Handschlag bei meinem Besuch genauso zum ganz normalen Gesprächsablauf gehörte, wie dies bei den Unterredungen, die etwa der Papst oder der UN-Generalsekretär Kofi Annan und wohl noch hunderte Emissäre zuvor geführt hatten, der Fall war.

In Österreich freilich warfen sich meine politischen Kontrahenten im Verbund mit den Anti-Haider-Stimmungsmachern in Groß- und Kleinformaten auf diesen Routineakt wie ein Rudel hungriger Wölfe auf ein Stück Fleisch. Es waren übrigens auf politischer Seite Vertreter jener Parteien, die selbst keinerlei Scheu davor gehabt hatten, dem sogenannten „Schlächter vom Platz des Himmlischen Friedens" in Peking bei Besuchen in China und freundlichen Gegenbesuchen in Wien mehr als einmal die Hand zu schütteln. Es waren dieselben, die bis zuletzt gute Kontakte mit dem Stasi-Regime der SED unterhielten oder Reisen zum bis an die Zähne mit Atomraketen bewaffneten kommunistischen Diktator von Nordkorea, Kim II Sung, der das eigene Volk verhungern läßt, unternommen hatten und bei alledem keinerlei moralisches Problem hatten. Auf seiten der Journalisten ereiferten sich wieder einmal jene am lautesten, die ansonsten bei Treffen österreichischer Politprominenz mit Vertretern totalitärer Regimes in ihren Analysen immer noch ein berechtigtes Übergewicht der Thematisierung der wirtschaftlichen Interessen Österreichs und der offenen Artikulation von Menschenrechtsproblemen gegenüber dem Skrupel des Miteinanderredens geortet hatten. All das sind Facetten einer politischen Unkultur *Made in Austria*, die international gesehen ziemlich einzigartig dastehen dürfte. Ich sagte damals in einer meiner ersten Stellungnahmen einem Reporter, der sich offenbar für die reine Verkörperung der *Political correctness* hielt, daß man, wenn man in einem Land wie etwa dem Irak in Verhandlungen etwas erreichen wollte, nicht mit dem Portier des Regierungsgebäudes reden dürfte, sondern das Gespräch mit den politischen Vertretern der höchsten Ebene suchen müßte. Das war damals meine Meinung und das ist sie auch heute noch.

Ein altes Sprichwort sagt, daß der erste Eindruck, den man von einem Menschen gewinnt, lange hält. In meinem Fall war dieser erste Eindruck Überraschung. Zunächst war ich wie schon beim ersten Treffen mit Tarek Aziz davon überrascht, daß Saddam Hussein keine Uniform, sondern einen grauen Anzug trug. Aber die bei ihm diesmal fehlende militärische Komponente wurde in gewisser Weise durch seinen Adjutanten abgedeckt, der hinter dem Stuhl des Diktators stand und mit finsterer Miene unser Gespräch verfolgen sollte. Zum zweiten schlug mir von Anfang des Besuches an durchaus eine Atmosphäre der Freundlichkeit und Aufgeschlossenheit entgegen, an der sich dann im gesamten Gesprächsverlauf auch nichts ändern sollte.

Saddam Hussein lud mich ein, neben ihm Platz zu nehmen, und ließ den Kameratrupp noch einige Bilder machen. Dann wurden die Kameraleute und Fotographen hinausgeschickt. Die Unterredung begann von seiten des Gastgebers mit einem offenbar üblichen Ritual. Mir wurde eine der stattlichen Cohiba-Zigarren angeboten. Als überzeugter Nichtraucher lehnte ich in einer ersten Reaktion dankend ab, was mein Gegenüber zu einem Lachen verleitete. Denn, so sagte Saddam Hussein zu mir, ich müßte wissen, daß man ihn schlichtweg deshalb einen Diktator nennen würde, weil er in seinem Regierungskollegium alle Minister ohne Ausnahme dazu verpflichtet hätte, Zigarren zu rauchen. Ich verstand den Wink mit dem Zaunpfahl, nahm eine der Zigarren und rauchte die gesamten eineinhalb Stunden, die das Gespräch dauern sollte, an diesem einen Stück.

Saddam Hussein kam umgehend zur Analyse der politischen Situation im arabischen Raum. Im wesentlichen deckten sich seine Ausführungen bezüglich der Einschätzung speziell der Rolle Israels im Zusammenspiel mit den USA mit jenen seines Vizepremiers Aziz. Allerdings – und das kam bei ihm besonders

Dieser Händedruck ging um die Welt: Der Landeshauptmann von Kärnten wird vom irakischen Präsidenten begrüßt.

stark hervor – betonte er immer wieder seine politische Vision von einer Einigung der arabischen Nationen, um deren elementare Interessen gegen die Zionisten, wie Israel in all diesen Gesprächen immer wieder genannt wurde, mit entsprechendem Nachdruck zu verteidigen. Als Vorkämpfer dieser Idee der arabischen Einigung hätte er sich ganz besonders der Sache der Palästinenser und ihres Kampfes um Eigenstaatlichkeit angenommen. Das wäre auch der Hintergrund dafür, daß er den Familien der Selbstmordattentäter, die ja bei israelischen Vergeltungsaktionen mit einem Schlag ihres gesamten Hab und Gutes beraubt würden, finanzielle Unterstützung zukommen ließe.

Es war ganz besonders auffällig, daß Saddam Hussein immer dann, wenn es in unserem Gespräch um diese Palästinenserfrage ging, sehr aufgeweckt und emotionalisiert wirkte und es verstand, ausgesprochen konsequent zu argumentieren und die Dinge auf den Punkt zu bringen. Alles in allem vermittelte mir mein Gesprächspartner ein ganz anderes Bild, als es hierzulande oft gezeichnet wurde und wird. Von einem fast tölpelhaften Rohling, der weder die eigene Landessprache noch auch nur einige Sätze Englisch beherrscht, war jedenfalls nichts zu bemerken. Im Gegenteil. Ich muß zugeben, von der scharfen Logik und den klaren Argumentationslinien Saddam Husseins überrascht gewesen zu sein. Auch sein historisches Wissen über Mesopotamien, das er bis zum Gesprächsende immer wieder durchblitzen ließ, wirkte an keiner Stelle irgendwie aufgesetzt, um damit vielleicht billigen Eindruck zu schinden. Er bewegte sich sehr sicher durch die Jahrhunderte und Jahrtausende. Kurzum: Saddam Hussein machte mir gegenüber keinesfalls den Eindruck, als ob es sich beim Langzeitdiktator um jemanden handeln würde, der politisch nicht bis drei zählen könnte. Von so jemandem würde auch kaum jemand erwarten, daß er selbst mit dem Vorschlag aufwarten würde, sich einer Fernseh-Konfrontation mit US-Präsident Bush zu stellen, wie Saddam es ja unlängst getan hatte. Mit Sicherheit hätte auch der französische Staatspräsident Jacques Chirac Saddam Hussein nicht seit vielen Jahren als seinen persönlichen Freund bezeichnet, wäre er der kulturlose Rabauke, als der er in den westlichen Medien gerne dargestellt wird. Immerhin ist von Chirac bekannt, daß er schon auf Wahlergebnisse in europäischen Demokratien sensibel reagiert, wenn sie nicht im Ergebnis seiner konservativ-bürgerlichen Weltauffassung entsprechen.

Mit seinem konsequenten Einstehen für das, was er die arabische Nation nannte, und seinem harten Kurs gegenüber der israelischen Expansionspolitik hatte Hussein sich auch nach dem Golfkrieg die Sympathie sowohl weiter Teile der Bevölkerung als auch einflußreicher Kreise in den arabischen Staaten erworben. Saddam führte aus, daß er einer der ganz wenigen Politiker des gesamten Raumes wäre, die nicht als Quasi-Marionetten nach der Pfeife der USA tanzen würden, und daß er nicht zuletzt deshalb den Haß der USA auf sich gezogen hätte. Dabei fehlte es dem Irak nicht im geringsten an Gesprächs- und Dialogbereitschaft. Immerhin wäre sein Land jetzt wieder Mitglied der Arabischen Liga, die aber insgesamt sehr schwach sei. Übrigens säße der Irak dabei gemeinsam mit Kuwait an einem Tisch, dessen territoriale Integrität in der Zwischenzeit in vollem Umfang anerkannt worden wäre.

Lange dauerten seine Ausführungen, bis es mir gelang, kurz einzuhaken und über den Englisch-Dolmetscher unser Gespräch auf die Frage der Position des Irak in Sachen Kriegsgefangene zu lenken und die Frage zu stellen, wie denn er als letztendlicher Entscheidungsträger dem Gedanken eines Gefangenenaustauschs mit Kuwait gegenüberstünde. Auf diese Frage war er offensichtlich gut vorbereitet. Fast schien es, als hätte er schon darauf gewartet. Von ihm erfahre ich nach einer ausführlichen Schilderung der Vorgeschichte, daß auch der Irak noch immer 1.037 seiner Soldaten des zweiten Golfkrieges in Kuwait oder in Saudi-Arabien vermisse. Bezüglich der Gefangenen des Irak betonte Saddam, daß sein Land ohnehin alle nach Hause geschickt hätte. Immerhin wäre es ja nachweisbar, daß man alle hochrangigen Offiziere schon nach dem Ende des Krieges zurückgeschickt hätte. Tarek Aziz versuchte sich ins Gespräch einzuschalten, aber es war ganz offenbar so, daß Saddam Hussein seinen Argumenten keine Geltung zukommen lassen wollte. Ich konnte nicht feststellen, was der Hintergrund ihres kurzen Disputs gewesen war, denn sie hatten ihn in ihrer Muttersprache geführt, und der Dolmetscher hatte trotz meines fragenden Blicks ihm gegenüber nicht die geringsten Anstalten gemacht, den Wortwechsel der beiden zu übersetzen. Dann wandte sich Saddam wieder mir zu. Er lehnte sich entspannt in seinen Sessel zurück und versicherte mir, daß er mein Anliegen prüfen würde und ich in den nächsten 14 Tagen eine entsprechende Mitteilung erhalten würde.

Und tatsächlich: Exakt zwei Wochen nach der Unterredung in Bagdad teilte mir sein Außenminister Naji Sabri mit, daß der Irak bereit wäre, die auf Eis gelegten Verhandlungen wieder aufzunehmen. Zusätzlich überraschte er mich mit dem Vorschlag, als möglichen Verhandlungsort doch den UNO-Sitz Wien in Erwägung zu ziehen. Von dieser Absicht hatte der Irak auch die UNO in Kenntnis gesetzt. Ich informierte sofort meine Freunde in Kuwait darüber, daß offensichtlich wieder Bewegung in die ganze Sache gekommen war. Die Kuwaitis zeigten sich verständlicherweise sehr erfreut darüber, machten mich aber einige Tage später darauf aufmerksam, daß es seitens der USA den „guten Rat" für den Verbündeten gegeben hatte, in dieser Sache äußerst vorsichtig zu sein und auf ganz konkrete Äußerungen des guten Willens durch Saddam Hussein zu warten. Was einerseits aussah wie eine vernünftige Warnung, konnte

Bei Haiders Besuch in Bagdad empfing Tarek Aziz (rechts) seinen Gast in der grünen Regierungsuniform.

andererseits freilich schon damals genausogut als Versuch des kategorischen Durchkreuzens eines jeden noch so kleinen Schritts der Annäherung gedeutet werden. Heute, angesichts der aktuellen Ereignisse in der Region, bin ich davon überzeugt, daß dieser Ratschlag zur Zurückhaltung ein Bestandteil des US-Kalküls des gezielten Erhalts des Feindbilds Saddam sein sollte.

Ich bedankte mich für die Möglichkeit zum Gespräch und zeigte mich zufrieden, daß ich das Auskunftsversprechen erhalten hatte. Beim Abschied brachte Saddam Hussein mir gegenüber die Hoffnung zum Ausdruck, daß es ein baldiges Widersehen geben sollte. Der Irak sei sehr bemüht darum, seine Sicht der Dinge darzustellen, und hätte großes Interesse daran, in Europa Partner zu finden, denen die nationale Identität ihres Volkes und der eigenen Kultur ein Anliegen wäre. In seinen abschließenden Bemerkungen streifte er nicht ohne Stolz die Jahrtausende alte Geschichte des Zweistromlandes und erwähnte die kulturellen Glanzleistungen wie etwa das Gilgamesch-Epos, das man ja auch in Europa kennen sollte. Alles das schien mir eine Art hintergründiger Appell zu sein, die Fäden der geschichtlichen Verknüpfung zwischen dem Orient und Europa nicht zu vergessen, nicht alte Gemeinsamkeiten einfach vom Tisch zu wischen und das Faustrecht im gegenseitigen Umgang zur Regel zu erheben.

Mit über vier Stunden Verspätung kam ich mit meinen Begleitern am Flughafen an. Keiner der Passagiere, die nur auf uns gewartet hatten, hatte auch nur in irgendeiner Form Protest erhoben. Man nahm die Dinge mit großer Gelassenheit. Zeit, Tempo und Hektik spielten offenkundig in der Welt dieser Menschen nicht jene große Rolle, die diesen Faktoren bei uns immer zugemessen wird. Und wie in so manch anderer Hinsicht auch stellte sich mir damals die Frage, wer schon so genau wüßte, welche Sicht der Dinge die richtige wäre.

***

Bereits wenige Monate später, im November desselben Jahres, kam es zu einer zweiten Begegnung mit Saddam Hussein:

Unsere Fahrt am 4. November 2002 ging wieder lange durch die zahllosen Gassen und Straßen der irakischen Hauptstadt. Wie beim ersten Mal vor wenigen Monaten mußte ich mehrmals die Fahrzeuge wechseln, und genau gleich wie damals spielte sich auch das Kommen und Gehen der verschiedenen Trupps von Sicherheitsleuten ab, die meine Fahrt begleiteten. Es war wieder eine Fahrt zu Saddam.

Die irakische Administration hatte mir anläßlich meines Besuchs der Wirtschaftsmesse angedeutet, daß der Präsident gern ein zweites Treffen mit mir wünschte. Ich willigte ein, und da stand ich jetzt mitten in einem Präsidentenpalast, der im Zuge der letzten Angriffe der US-Luftwaffe durch eine Bombe weitgehend zerstört worden war. Im Unterschied zu meiner ersten Begegnung mit Saddam Hussein waren diesmal alle sehr aufgeschlossen und freundlich. Man konnte sie fast spüren, diese Herzlichkeit. Diesmal kam ich gewissermaßen schon als ein alter Bekannter, der gern gesehen wird und von dem man wußte, daß er diesen Schritt ein zweites Mal macht, obwohl ihm schon der erste in seiner Heimat eine ganze Menge an Kritik eingebracht hatte. Die gesamte Atmosphäre dieses Treffens paßte so überhaupt nicht in das Bild, das man als Medienkonsument in den schrecklichsten Farben und Schilderungen vom Reich des Bösen zwischen Euphrat und Tigris vorgesetzt bekam. Es war genau genommen eher das Gegenteil. Vielleicht hing das auch damit zusammen, daß man wußte, daß ich keiner von der weitverbreiteten Sorte europäischer Politiker bin, der zwar gern durch Kontakte zu Regierungsvertretern gute Geschäfte an Land zieht und dafür Interesse für die Situation im Irak heuchelt, aber zuhause dann so tut, als wäre er niemals dagewesen.

Ich habe einen solchen rückgratlosen Stil nie gepflegt, auch wenn mir der Wind oft rauh ins Gesicht geblasen hat. Und ich bin zutiefst davon überzeugt, damit auch richtig zu liegen. Wenn man so etwas wie Freundschaft und Verbundenheit akzeptiert, dann kann man das nicht einfach wie ein altes Hemd auf die Seite legen, nur weil es vielleicht das eine oder andere Mal nicht leicht ist, seine Position zu vertreten. Aber mir ist natürlich auch klar, daß eine solche Einstellung im Kreis österreichischer Politiker nicht wirklich modern ist. Ich erinnere mich noch, wie Bundeskanzler

Wolfgang Schüssel (ÖVP), als ich ihm davon erzählte, daß es eine Chance für Verhandlungen zwischen dem Irak und Kuwait in Wien gäbe, ganz begierig darauf war, sie zu realisieren. Ich hatte ihn und die Vizekanzlerin nach meiner ersten Rückkehr sofort darüber informiert. Es hätte eben gut in sein gewünschtes Image gepaßt, als der große Vermittler in weltpolitisch heiklen Angelegenheiten dazustehen. Er ersuchte mich damals ausdrücklich darum, in dieser Sache ja nicht locker zu lassen. All das wäre für Österreich sehr wichtig. Als in den kommenden Wochen und Monaten die Amerikaner ihren blutigen Job in Afghanistan aber erledigt hatten und den Irak mit einer einzigartigen Propagandaoffensive ins Fadenkreuz ihres Kreuzzugs gegen den internationalen Terrorismus genommen hatten, wurde Schüssel das ganze wieder einmal zu heiß. Der Kanzler bekam Angst vor der eigenen Courage und ließ die Idee wie eine heiße Kartoffel fallen, um nur ja den USA alles recht zu machen. Das Heulen mit den Wölfen wurde ausgerufen.

In der Empfangshalle des Präsidentenpalastes war ein riesiges Modell aufgebaut. Es zeigte den Palast: einmal so, wie er wieder errichtet worden war, und ein zweites Mal, wie er zum Zeitpunkt nach dem Bombentreffer ausgesehen hatte. Er war tatsächlich wunderschön wiederhergestellt worden. In den Räumen standen überall Barockmöbel, an den Wänden hingen neben vielen Spiegeln zahlreiche Ölgemälde europäischer Maler des 17. und 18. Jahrhunderts. Es war eine seltsame Mischung, denn irgendwie paßten diese europäischen Elemente ganz und gar nicht in die Märchenwelt des Orients mit ihren kunstvollen Teppichen und ihrem Hang zum Marmor.

Ich nahm auf einer der Sitzbänke Platz, die in einem Raum standen, der offensichtlich als eine Art venezianischer Salon konzipiert war. Ich erinnere mich noch genau an ein großes, prachtvolles Bild vom Markusplatz. Wie beim ersten Mal huschten meine Begleiter aufgeregt hin und her. Höflich wurde mir Tee gereicht, um die Wartezeit zu verkürzen. Dann war es endlich soweit. Noch durch ein paar Gänge hin und her und durch ein paar Türen, und ich stand im Empfangssalon des Präsidenten.

Diesmal wartete Saddam nicht mit Tarek Aziz an seiner Seite, sondern er hatte meinen Freund Naji zu dem Gespräch hinzugezogen. Daraus war für mich klar abzuleiten, daß Naji offensichtlich in den letzten Monaten in der internen Hierarchie aufgestiegen war. Das war auch nicht verwunderlich, denn es war ihm in verhältnismäßig kurzer Zeit gelungen, mit viel diplomatischem Geschick und einer ordentlichen Portion Courage die Araber für die Position des Irak zu mobilisieren. Er hatte bei seinen Verhandlungen mit der UNO in New York und Wien wirklich Rückgrat und Stehvermögen bewiesen. Das war nicht leicht gewesen. Naji hatte mir einmal nach Verhandlungen in New York erzählt, daß die Amerikaner seine Delegation wie Tiere behandelt hätten. Man wäre zum Beispiel bei der Einreise bis auf die sprichwörtlichen Unterhosen kontrolliert worden. Ich sagte damals, daß man sich überlegen sollte, doch nach Wien zu kommen, um dort das nächste Mal entsprechende Verhandlungen zu führen. Heute ist es unbestritten, daß die Verhandlungen in Wien im Sommer 2002 einen Großteil dazu beigetragen hatten, daß wieder Waffeninspektoren in den Irak einreisen konnten und so das unmittelbare Kriegsrisiko entschärft werden konnte. Vorübergehend zumindest.

Bei dem Gespräch anwesend war diesmal auch sein Generalstabschef und Adjutant. Ein rothaariger Riese, der eigentlich besser nach Irland als nach Bagdad gepaßt hätte. Er war schon wiederholt auch bei uns im

Fernsehen zu sehen gewesen, wenn Bilder von öffentlichen Auftritten Saddams ausgestrahlt wurden.

Der Präsident bot uns an, Platz zu nehmen. Kaum
saß ich auf meinem Stuhl, bekam ich auch schon die
obligatorische Cohiba-Zigarre gereicht. Die Atmosphäre war diesmal deutlich entspannter. Ich erinnere
mich daran, daß sogar die Fenster zum Park vor dem
Palast geöffnet waren und wir während der gesamten
Unterredung von freundlichem Vogelgezwitscher be-
gleitet wurden. Offensichtlich fühlte sich Saddam sehr
sicher. Er sprach mir seinen Dank dafür aus, daß ich in
der Vergangenheit so große Solidarität mit dem irakischen Volk unter Beweis gestellt hätte. Dann redeten
wir zunächst über die Messe und das Geschäft. Saddam beklagte die Tatsache, daß der Irak als besondere
Demütigung de facto dazu gezwungen wäre, den
Großteil seines Öls des „Oil for Food"-Programms zu
Schleuderpreisen an die USA abzugeben. Seine Bevölkerung hätte seit über zehn Jahren unter unmenschli-
chen Sanktionen zu leiden, obwohl es nichts gäbe, was
den Irak belasten würde. Saddam erzählte eine kurze
Geschichte, um die ganze Unsinnigkeit aller Begrün-
dungsversuche für die Aufrechterhaltung des Embargos durch die USA zu veranschaulichen. Einer seiner
Onkel – so verstand ich das damals – wäre in den vier-
ziger Jahren an einem Umsturzversuch beteiligt gewesen. Er und seine Kameraden wanderten dafür ins
Gefängnis, und als man ihnen dann den Prozeß gemacht hatte, wären sie nicht wegen des versuchten
Umsturzes verurteilt worden, sondern weil sie Nationalsozialisten gewesen wären.

Saddam zeigte sich im Gespräch immer wieder ent-
täuscht von den europäischen Regierungen, denn es
wäre doch völlig klar, daß die Amerikaner gar keine
andere Absicht verfolgen würden, als sich das Öl im
Irak zu holen, um damit noch mehr als bisher die ge-

Ins Gespräch vertieft: Vor allem die Palästinenserfrage war dem iraki-schen Präsidenten außerordentlich wichtig.

samte Weltpolitik zu dominieren. Europa, die EU müßte endlich Farbe bekennen, wenn es als gleichberechtigter Partner ernst genommen werden wollte. Lob fand er in seinen Ausführungen für den ehemaligen deutschen Bundeskanzler Gerhard Schröder (SPD), der ja im Wahlkampf zur Bundestagswahl 2002 tatsächlich Brandreden gegen einen neuerlichen Irakkrieg gehalten hatte.

Grundsätzlich wäre der Irak durchaus bereit, mit den USA über deren wirtschaftliche Interessen in der Region Gespräche zu führen, meinte Saddam. Keinesfalls werde man das aber auf der Basis eines neuen Kolonialismus tun. Das könnte nicht gutgehen, wenn gerade zu einem Zeitpunkt, zu dem die Europäer ihre Kolonialmachtambitionen begraben hätten, die Amerikaner in diese Fußstapfen steigen wollten. Die arabische Welt sei jedenfalls alarmiert angesichts der aktuellen Entwicklungen, und die USA wüßten genau, daß die Kluft zwischen den arabischen Regierungen, die ihnen im ersten Golfkrieg noch als Handlanger gedient hatten, und dem Volk immer größer geworden wäre. Ein neuerlicher Krieg würde viel auslösen, meinte er geheimnisvoll und antwortete nicht auf meine diesbezügliche Nachfrage. Er meinte nur, daß die Iraker jedenfalls eine Jahrtausende lange Geschichte und eine wunderbare Kultur hätten, während er die Amerikaner als kulturlose Ausreißer aus Europa bezeichnete.

Auch Naji sprach davon, daß die arabische Welt heute geeinter sei als je zuvor, und berichtete von einem Ereignis, das er als symbolisch dafür einschätzte. Der US-Vizepräsident der Bush-Regierung, Dick Cheney, hätte eine Tour durch die Länder der Region gemacht, die die USA als ihren Verbündete ansehen würden. In Katar wäre Cheney nur vom zuständigen Protokollchef vom Flughafen abgeholt worden, während Naji Sabri, der nur kurze Zeit später dort gelandet war, vom Regierungschef persönlich begrüßt worden wäre. Diese Distanzierung würde auch für die Türkei gelten. Sie stünde zwar unter massivem Druck der USA, wollte aber um keinen Preis einen Krieg gegen den Irak. Denn wenn der Irak auseinanderbräche, wäre der Konflikt mit den Kurden und der Türkei vorprogrammiert. Saddam nickte zu den Ausführungen seines Außenministers und ergänzte, daß man in den Medien des Westens ganz gezielt ein völlig falsches Bild der Situation im Mittleren Osten zeichnen würde. US-Präsident George W. Bush hätte ja nicht umsonst ein eigenes Ministerium für „Desinformation" einrichten lassen, das mit enormem Aufwand Lügen und Falschmeldungen über den Irak verbreite, um damit den Boden für den militärischen Angriff aufzubereiten.

Einer der ganz zentralen Bausteine in dem Lügengebäude wäre die Herstellung eines Zusammenhangs zwischen seinem Land und dem fundamentalistischen Terror. Gerade der Irak wäre nämlich bei den Fundamentalisten gar nicht gut angeschrieben. Seine Baath-Partei und ihr weltliches Programm wären ihnen vielmehr ein Dorn im Auge und würden als Verrat gesehen. Genau deshalb würde er viel Geld aufwenden und schöne Moscheen bauen, damit das religiöse Leben unter staatlicher Kontrolle bliebe und der Fundamentalismus den Staat nicht erschüttern könnte.

Die amerikanische Lügenpropaganda sei ja weltweit bekannt, und dennoch ließen sich die Menschen täuschen. Saddam verwies auf das berühmt-berüchtigte Video, das kurz nach dem Einmarsch seiner Truppen in Kuwait um die Welt gegangen war. Millionen Menschen waren schockiert gewesen. Die Bilder zeigten, wie irakische Soldaten kuwaitische Babys aus Brutkästen nahmen und auf den Boden warfen. Angeblich, so war damals die offizielle Version, hätte eine kuwaitische Krankenschwester, die dann auch als Augenzeugin durch die Medien geisterte, dieses Video unter Lebensgefahr für sich aufgenommen und aus dem Land geschmuggelt. Heute wissen wir längst, daß es sich hierbei um gestellte Szenen gehandelt hat. Die angebliche Krankenschwester war in Wahrheit die Tochter des kuwaitischen Botschafters in den USA, die ihre Rolle genauso gut gespielt hatte wie die als irakische Soldaten verkleideten Schauspieler, die Puppen auf den Boden geworfen hatten. Produziert worden war das Dokument für viele Millionen Dollar ausgerechnet von jener US-Agentur, die die Wahlkampfkampagne des ersten George Bush durchgeführt hatte.

Der Irak wäre nicht dazu bereit, UN-Inspektoren ohne jede Vorbedingung ins Land zu lassen. Er würde das der UNO mitteilen lassen. Im übrigen sollte nie-

mand damit rechnen, daß sein Land die UNO-Resolution ohne Einschränkung akzeptieren würde, betonte Saddam. Er wollte im Gegenzug eine Anerkennung der Souveränität des Irak.

Ich war sehr zufrieden mit dem Verlauf des Gesprächs. Entgegen meinen Erwartungen hatte Saddam doch eine gewisse Beweglichkeit signalisiert. Auf
diese Weise würde es für die Amerikaner nicht ganz
einfach sein, einfach loszuschlagen.

In der Hitze der Diskussion hatte ich meine Beine
überkreuzt. Sofort trafen mich die mahnenden Blicke
des Dolmetschers, mit denen er mir bedeutete, daß
sich das nicht gehöre. Ich korrigierte sofort meine Sitz-
position. Als aber geraume Zeit später selbst Saddam
gemütlich die Beine überkreuzte, wußte ich, doch keinen unverzeihlichen Fehler gemacht zu haben.

Auch die nachfolgenden Wochen und Monate zeigten uns, daß die USA trotz mehrfacher Ankündigung
ihrer Vorlage keine Beweise für einen Angriffsgrund
auf den Tisch legen konnten. Trotzdem sieht alles danach aus, daß sie diesen Krieg gegen den immer massiver werdenden Widerstand der Bevölkerung auch
im eigenen Land vom Zaun brechen werden. Wie
armselig und dürftig die Beweisführung gegen den
Irak ist, zeigt auch das englische Beispiel. Premierminister Tony Blair wurde überführt, dem Parlament einen Bericht vorgelegt zu haben, der aus einer Studen-
tenarbeit stammte. Man hatte ihn inklusive der darin
vorhandenen Druckfehler einfach als amtliches Dokument veröffentlicht, um den Irak zu belasten.

Unser Gespräch neigte sich dem Ende zu. Mehr als
zwei Stunden hatte unser Gedankenaustausch gedauert. Saddam zeigte sich auch diesmal als interessanter
Gesprächspartner, der es versteht, sein Gegenüber
voll zu fordern. Als ich mich verabschieden wollte,
schickte er seine Adjutanten und die Dolmetscher aus

dem Raum. Nur Naji durfte bleiben. Er stellte sich zwischen uns und versicherte mir die Freundschaft des irakischen Volkes. Dann vertraute er mir etwas an, worüber ich zu schweigen verpflichtet bin. Aber es festigte die Einstellung, die ich zum Irak und den handelnden Personen gewonnen habe. Darüber werde ich in meinen Memoiren einmal schreiben. Saddam hielt meine Hand lange und fest, als er sich verabschiedete. Irgendwie hatte dieser Abschied etwas Endgültiges. Oder waren es doch nur die Umstände, die mir dieses Gefühl vermittelten?

Der Text und die Bilder wurden mit freundlicher Genehmigung des Verlages und des Autors dem Buch Zu Gast bei Saddam. Im Reich des Bösen *(03/2003) von Dr. Jörg Haider entnommen.*

Die Kriege
des Saddam Hussein

Von Dr. Heinz Magenheimer

In den vier Kriegen, die Saddam Hussein seit September 1980 führte, erwies sich die heikle geopolitische Lage des Irak als Gemeinsamkeit, die ihn sowohl zum Subjekt als auch zum Objekt des strategischen Handelns machte. In den beiden ersten Kriegen strebte das Regime nach Machterweiterung, wobei Saddam Hussein auch ältere Rechte durchsetzen wollte. Der dritte Krieg im Frühjahr 1991 richtete sich gegen aufständische Schiiten und Kurden im Lande selbst, wogegen der letzte Krieg im März 2003 nicht dem Willen von Saddam Hussein entsprang, sondern ihm von der Weltmacht USA aufgezwungen wurde.

Der Krieg von 1991, aber auch die Invasion gegen den Irak im Jahre 2003 stehen in enger politisch-strategischer Wechselbeziehung zum Staate Israel und zum Nahostkonflikt schlechthin, doch muß die folgende Darstellung mit wenigen diesbezüglichen Hinweisen auskommen. Nach dem Abschluß des Camp-David-Abkommens vom 26. März 1979 schien es für kurze Zeit, als ob eine Phase der Entspannung im Nahen Osten eintreten würde. Es folgte jedoch der Bruch zwischen Ägypten und der Arabischen Liga, die das Abkommen nicht billigte, worauf der Sitz der Liga – wie auch schon der der PLO im Jahre 1982 – nach Tunis verlegt wurde.

Eine Verkomplizierung der politischen Konstellation erfolgte schon im Frühjahr 1979, als Ayatollah Khomeini, eigentlich Sayed Ruhollah Musawi, aus seinem Pariser Exil nach Teheran zurückkehrte. Durch den Sturz des Schahs und die Ausrufung der „Islamischen Republik Iran" im April erlangte der religiöse Fundamentalismus eine vorherrschende Rolle im Mittleren Osten und sollte das Bild dieser Region bis in die Gegenwart hinein prägen. Die von den Schiiten formierte Geistlichkeit des Iran drohte seit dem Bestehen der „Islamischen Republik Iran" mit dem „Export" der religiös-politischen Revolution. Das Verhältnis zwischen dem Iran und den USA, der Führungsmacht des Westens, spitzte sich hochdramatisch zu, nachdem fana-

Foto: dpa

Saddam war stets auch ein Mann des Militärs. Diesem hatte er seine steile Karriere bis an die Spitze des irakischen Staates zu verdanken.

tische Studenten am 4. November 1979 dreiundfünfzig amerikanische Bürger in der US-Botschaft als Geiseln genommen hatten. Nach dem mißglückten Befreiungsversuch mittels eines Spezialkommandos im April 1980 nahmen die Spannungen zum „großen Satan", wie Khomeini die USA nannte, weiter zu.

* * *

Die mit den revolutionären Umwälzungen einhergehende Schwäche des Iran erschien Saddam Hussein als willkommener Anlaß, um „alte arabische Rechte", die nicht völlig unbegründet waren, gegenüber dem Nachbarstaat geltend zu machen. Es ging im wesentlichen um Gebietsansprüche am Schatt al-Arab, einem Wasserlauf, der durch den Zusammenfluß von Euphrat und Tigris nördlich von Basra entsteht, sich zu einem mächtigen Strom verbreitert und schließlich in den Persischen Golf mündet. Dieser Strom, der zugleich die Grenze zum Iran bildet, stellt für den Irak den Hauptzugang zum offenen Meer dar. Weiter westlich liegt noch der Hafen von Umm Kasr, der im Jahre 1990 eine sehr wichtige Rolle spielte.

Das irakische Regime argumentierte vor allem mit historischen Fakten. Schon im Vertrag vom 4. Oktober 1913 sei demnach das damalige Osmanische Reich gezwungen worden, eine „mittlere Linie" zu akzeptieren, und diese Grenzziehung sei 1937 auf Betreiben Großbritanniens, das seit 1920 das Mandat über Kuwait und den Irak ausübte, zugunsten der „Talweg-Linie", der tiefsten Schiffahrtsrinne, geändert worden. Der Iran kündigte dieses Abkommen im April 1966, worauf man sich jedoch im „Vertrag von Algier" vom 6. März 1975 wiederum einigte, der genannten Grenzlinie zuzustimmen. Saddam Hussein kündigte am 19. September 1980 aber diesen Vertrag mit der Begründung, daß der Iran einige Grenzstreifen zurückgeben müsse, die er gemäß den Grenzabkommen von 1913 und 1914 widerrechtlich besetzt habe.

Der Irak, der damals nur 13 Millionen Einwohner zählte, ließ sich auf ein militärisches Unternehmen ein, das bei Betrachtung des Kräfteverhältnisses einen leicht zu erringenden Sieg versprach. Ab dem 10. September kam es zu verschiedenen Grenzzwischenfällen, auch unter Einsatz von schweren Waffen. Ein irakisches Kampfflugzeug beschoß zwei Hubschrauber, in denen sich der iranische Staatspräsident und der Ministerpräsident befanden, um das Grenzgebiet zu inspizieren. Am 22. und 23. September fand ein Schlagabtausch mit Kampfflugzeugen statt, die jeweils die gegnerische Hauptstadt angriffen. Die mit dem 23. September einsetzenden Bodenangriffe irakischerseits richteten sich vor allem gegen Dezful und Ahwaz im Süden, wo sich wertvolle Erdölvorräte befanden, stießen aber bald auf energischen iranischen Widerstand. Auch die Angriffe im Nordabschnitt östlich von Erbil kamen nicht recht voran und kamen knapp 25 Kilometer jenseits der Grenze, nicht zuletzt aufgrund des schwer zu erklimmenden Berggeländes, ins Stocken.

Die irakische Armee mit rund 250.000 Soldaten und 260.000 Mann in Reserve besaß zunächst eine deutliche Übermacht. Das Heer mit 200.000 Mann gliederte sich in drei Korps, vier Panzerdivisionen, vier mechanisierte und vier Gebirgsdivisionen, zwei Kommandobrigaden sowie eine Gardebrigade. Es war reichlich mit sowjetischen Waffen ausgestattet, zu denen etwa 2.500 Kampfpanzer, darunter auch viele T 72, zählten. Als Standard-Kampfschützenpanzer diente der robuste BMP 1. Innerhalb der Artillerie bestand die Masse aus erprobten 122 mm- und 130 mm-Kanonen. Die Luftabwehr setzte zahlreiche sowjetische FlA-Raketen ein. Aber auch Frankreich lieferte in der Folge Rüstungsgüter, zum Beispiel 100 Kampfpanzer vom Typ AMX 30. Die Luftstreitkräfte mit rund 330 Frontflugzeugen verfügten unter anderem über sowjetische MiG 21 PF, MiG 23 und Su 20, aber auch 32 französische Mirage F 1-Jagdbomber. Die Marine mit ihren Stützpunkten in Basra und Umm Kasr besaß fast ausschließlich Kleinkampfschiffe, meist sowjetische Schnellboote.

Demgegenüber konnte der Iran mit damals 48 Millionen Einwohnern fast nur infanteristische Kräfte aufbieten, da infolge der „Säuberungen" nur noch wenige Offiziere lebten, die Spezialisten im Umgang mit den aus den USA stammenden schweren Waffen waren. Vor allem viele Piloten waren den „Säuberungen" zum Opfer gefallen. Von den 240.000 Mann, die vor 1979 in den Streitkräften gedient hatten, waren viele „entfernt" worden, und viele hatten die Armee freiwillig verlassen. Von den ursprünglich vorhandenen drei Panzer- und drei Infanteriedivisionen sowie vier Brigaden konnte anfangs nur ein Bruchteil eingesetzt werden. Immerhin besaß der Iran 800 britische Kampfpanzer „Chieftain" und vierhundertsechzig M 60 A1 sowie 1.000 Artilleriegeschütze, darunter vierhundertvierzig M 109-Panzerhaubitzen. Aber auch sowjetisches Gerät war vorhanden. Zu den modern ausgerüsteten Luftstreitkräften mit etwa 450 Kampfflugzeugen zählten unter anderem zehn Staffeln mit F 4D-Jägern beziehungsweise -Jagdbombern und acht Staffeln mit F 5-Jagdbombern. Zu Beginn des Krieges dürfte aber nur ein Drittel aller Kampfflugzeuge und Hubschrauber einsatzfähig gewesen sein. Bei der Marine standen sechs Zerstörer, vier Fregatten, vier Korvetten und drei U-Boote im Dienst.

Die irakische Armee zielte darauf ab, im Zuge der anfänglichen Initiative möglichst viel Raum zu ge-

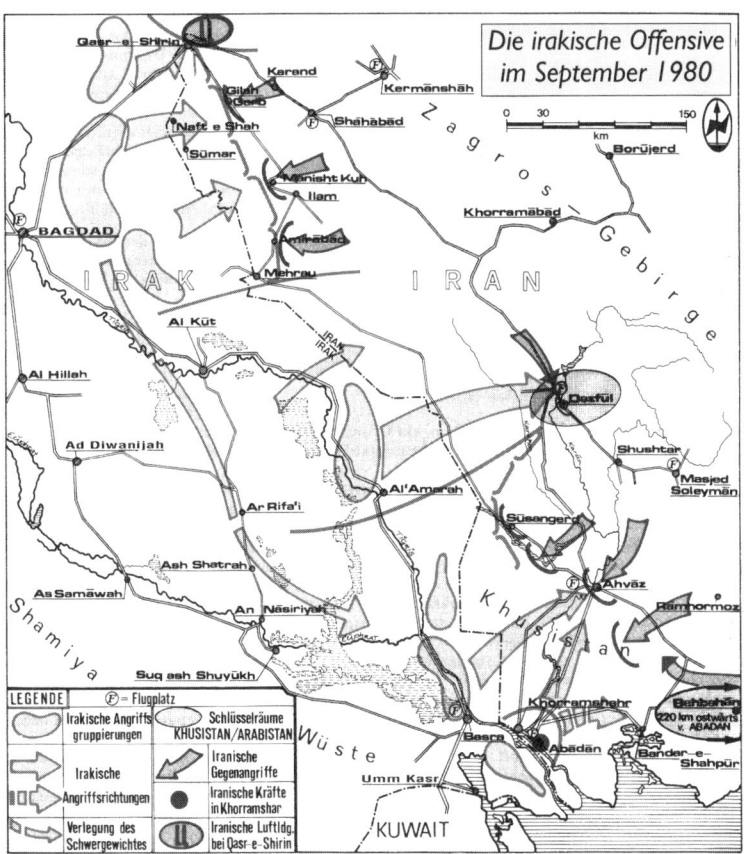

Die irakische Offensive im September 1980

winnen, um ihn als „Faustpfand" einsetzen zu können. Nachdem die Operation zum Stillstand gekommen war, senkte sich die Waagschale der Vor- und
Nachteile langsam zugunsten des Iran. Dort war man
bemüht, die Armee zu reorganisieren und die modernen schweren Waffen, vor allem Panzer und Artillerie,
instand zu setzen, wobei die Panzer westlicher Bauart
technische Überlegenheit versprachen. In der Luft
fand ein lang andauerndes Duell um die Lahmlegung
der gegnerischen Flugplätze, Erdölanlagen, Pipelines
und Verladehäfen mit ständig wechselndem Erfolg für

eine der beiden Seiten statt. Die rund zweihundert täglichen Fliegereinsätze gingen bald auf die Anzahl von etwa einhundert pro Tag zurück, wobei die Iraner aufgrund ihres geringen Bestandes an Flugzeugen in die Defensive gerieten. Der Kriegsschauplatz teilte sich in drei Abschnitte mit einer Gesamtlänge von 450 Kilometern, wobei das Schwergewicht im Süden lag.

Politisch gesehen, erschien es für den Irak besonders wichtig, die Räume Ahwaz und Dezful zu erobern, um die Ansprüche auf die dortige Provinz Arabistan – iranisch *Khusistan* – geltend zu machen. Doch Geländehindernisse wie Wasserflächen und Sümpfe und harter iranischer Widerstand verhinderten rasche Erfolge. So wurde die Stadt Khorramschahr am 24. September 1980 zwar eingeschlossen, aber erst sehr viel später erobert. Auf irakischer Seite verhinderte die unbeholfene, schablonenhafte Führung nach sowjetischem Vorbild größere Erfolge. Auf See strebte man nach Schädigung der gegnerischen Erdöltransporte etwa über Angriffe auf die iranische Verladestation auf der Insel Kharg oder auf die Stadt Bandar-e-Khomeini, die in einer Meeresbucht liegt. Nachdem der Irak Anfang Oktober 1980 erklärt hatte, daß die gesteckten Ziele erreicht worden seien, begann die Zeit des Abnutzungskrieges, und beide Seiten forcierten ihre Bemühungen, in den Besitz von Waffen zu kommen.

Der Krieg sollte sich bis zum August 1988 hinziehen und auf beiden Seiten hohe Verluste verursachen: Sehr bald trat zutage, daß Saddam Hussein seinen Gegner unterschätzt hatte. Er versuchte ohne nennenswerten Erfolg, einige nichtiranische Volksgruppen für sich zu gewinnen, indem er ihnen großzügige Unterstützung ihrer Anliegen versprach. Der Iran hingegen stützte sich überwiegend auf die „Revolutionsgarden" und andere Milizen, in denen schon sehr bald fanatisierte,

Der irakische Präsident Saddam Hussein (Mitte) besichtigte während des Ersten Golfkrieges einen Schützengraben der irakischen Armee an der Frontlinie nahe Basra im Süden des Irak.

opferbereite Kinder und Jugendliche kämpften. Eine im Januar 1981 begonnene Gegenoffensive des Iran kam jedoch bald ins Stocken. Der irakische Präsident mußte erkennen, daß ihm der vermeintlich schwächere und weitgehend isolierte Gegner überaus harten Widerstand entgegensetzte und ihn in arge Bedrängnis brachte. Der im März 1981 von Saddam Hussein angebotene Waffenstillstand wurde mit dem Hinweis abgelehnt, daß zunächst die besetzten Gebiete von den Irakern geräumt werden müßten. 1982 unternahm der Iran weitere Gegenangriffe, wobei es im Mai gelang, den Gegner über den Karun-Fluß zurückzuwerfen und Khorramschahr zurückzugewinnen. Weitere iranische Offensiven konnten nur mit Müh und Not aufgefangen werden. Ähnlich zermürbend entwickelten sich die Kämpfe auch im Jahre 1983, aber der iranischen Armee blieb der Durchbruch versagt. Bereits im Herbst 1982 hatte der Irak nach Vorwarnung Giftgas eingesetzt, ohne jedoch den Kampfstoff beim Namen genannt zu haben.

In den Zwischenphasen dominierte der Stellungs-krieg, wobei die Artillerie die Hauptwaffengattung bildete. Es kam zu ausgedehnten Duellen mit Boden-Boden-Raketen, die sich gegen wichtige Städte des Gegners richteten. Der Irak setzte 1988 innerhalb von 45 Tagen knapp 190 „Al Hussein"-Raketen mit einer Reichweite von 650 Kilometern gegen Teheran ein, die aber nur relativ geringen Schaden anrichteten. Beide Seiten flogen Luftangriffe auf die Erdölanlagen und Verladehäfen des Gegners, jedoch meist ohne große Wirkung zu erzielen. Auf der iranischen Insel Kharg im Persischen Golf befanden sich 60 Öltanks sowie Anlagen, die zur gleichzeitigen Beladung von zwölf Tankern dienten. Pro Tag wurden dort 1,7 Millionen Faß Rohöl verladen. Dennoch wagte der Irak – damals das viertgrößte Erdölförderland – aus Sorge vor Ver-geltung zunächst keine massiven Angriffe auf irani-sche Schiffe. Erst im Mai 1984 verschärfte Saddam Hussein den sogenannten Tankerkrieg, um den Iran wirtschaftlich zu schädigen und ihn von Landoffensi-ven abzuschrecken – mit sichtbarem Erfolg. Hierbei kam ihm zugute, daß die übrigen arabischen Staaten, aber auch die UNO auf seiner Seite standen. Zur wirt-schaftlichen Schädigung zählte auch der Beschuß des in Bau befindlichen iranischen Atomreaktors bei Bu-schir im Februar/März 1985. In der Folge machte sich die Bewaffnung irakischer Kampfflugzeuge mit „Exo-cet"-Raketen bemerkbar, die zum Leidwesen des ira-nischen Gegners auch Schiffe außerhalb der deklarier-ten Kriegszone angreifen konnten.

Schon bald nach Beginn des Krieges hatten ver-schiedene Staaten begonnen, Einfluß auf den Kriegs-verlauf zu nehmen beispielsweise über materielle Unterstützung einer der beiden Seiten. Der Irak wurde damit zum Objekt internationaler Machtinteressen. Die arabischen Staaten gewährten dem Irak erhebliche finanzielle Mittel, und die Sowjetunion lieferte über Ägypten Kriegsmaterial im Gegenwert von 35 Milliarden Dollar. Gleichzeitig umwarben die USA Ägypten als neuen Partner, um im Nahen Osten festen Fuß zu fassen. Der Iran hingegen erhielt umfangreiche Waffenlieferungen aus China, das im Gegenzug vom iranischen Erdöl profitierte. Syrien sympathisierte ebenfalls mit dem Iran, leistete Unterstützung im Luftkrieg und ging auf Gegenkurs zum Irak, der in den folgenden Jahren beibehalten wurde.

Andererseits nutzte Israel rücksichtslos die bedrängte Lage Bagdads, um am 7. Juni 1981 völkerrechtswidrig den irakischen Atomreaktor in Tuwaitha mittels Luftangriffen zu zerstören. Die USA verlegten 1981 vor allem F 15-Jäger und AWACS-Frühwarnflugzeuge nach Saudi-Arabien. Der Selbstmordanschlag auf die Unterkunft der US-Marines in Beirut am 23. Oktober 1983 durch schiitische Extremisten, bei dem mehr als 240 Amerikaner ums Leben kamen, verschärfte zwar die Spannungen, doch gelang es den USA, das Verhältnis zum Iran ab 1986 sogar zu verbessern, wobei Waffenlieferungen eine erhebliche Rolle spielten.

Am 16. Feburar 1984 trat die iranische Armee mit 310.000 Mann zur lang vorbereiteten Großoffensive – der Operation „Morgenröte 5" – im Mittel- und Südabschnitt auf einer Frontbreite von 300 Kilometern an, die den Irak im März desselben Jahres an den Rand des Zusammenbruchs brachte. Hierbei eroberten die Iraner die in einem Sumpfgebiet gelegenen künstlichen Bohrinseln bei Madjnoun südöstlich von Amara, denen man Erdölvorkommen von etwa einer Million Faß zuschrieb. Die iranischen Angriffe wurden oft von kaum ausgebildeten, aber begeisterten Jugendlichen ausgeführt, die äußerst hohe Verluste erlitten. Die Iraker konnten darüber hinaus doppelt soviele Gefangene wie ihre Gegner machen. Letztlich konnte die irakische Armee die Vorstöße noch vor der Tigris-Linie und dem Schatt al-Arab auffangen. An diesem Abwehrerfolg hatten die Luftstreitkräfte des Irak großen Anteil.

Im Zuge der Abwehrreaktionen setzte der Irak, auch wenn dies dementiert wurde, Giftgas ein, das die Verteidiger der Madjnoun-Inseln schwer traf und an die 1.000 Todesfälle verursachte. Insgesamt erfolgten zur Abwehr der Offensive irakischerseits fast 50 Giftgaseinsätze. Einige vom Kampfstoff verletzte iranische Soldaten trafen in Stockholm, Wien, London und Tokio zur Behandlung ein. Toxikologische Untersuchungen ergaben, daß es sich um Schädigungen handelte, die von Senfgas – auch Geldkreuz, Lost oder Yperit genannt – und vom Nervengas Tabun herrührten. Diese Chemikalien wirken über Umwege lähmend auf die Atemmuskulatur. Daneben wurde auch Mycotoxin – Gelber Regen genannt –, ein Stoffwechselprodukt von Schimmelpilzen, verwendet. Eine internationale Kommission, die an Ort und Stelle tätig war, bestätigte die Verwendung von Giftgas. Der Einsatz war teils durch Artilleriegranaten, teils durch Kanister, die man von Transportfliegern und Hubschraubern abwarf, erfolgt.

In der Folge fanden beiderseits nur örtlich begrenzte Kampfhandlungen zu Lande statt, wie beispielsweise Ende Februar 1985 in Form eines irakischen Angriffes im Mittel- und Südabschnitt, gefolgt von iranischen Gegenangriffen. Beide Seiten verletzten das im Juni 1984 geschlossene Abkommen über die Schonung ziviler Ziele, und es kam zu einer Verschärfung des Städtekrieges. Der Irak sperrte am 19. März 1985 den gegnerischen Luftraum, was zu einer Lahmlegung

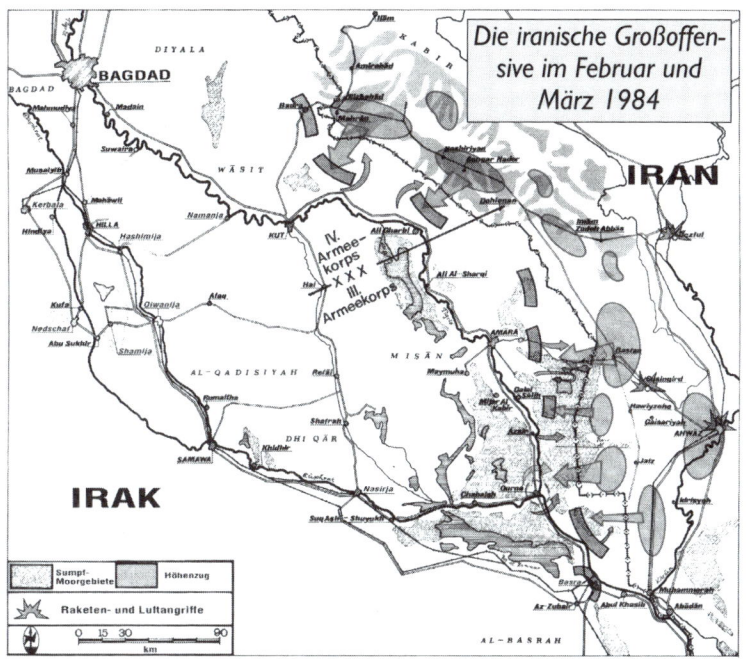

des internationalen Flugverkehrs im Iran führte. Mehrere Explosionen im Verlauf gut organisierter Anschläge in Bagdad und Teheran dienten offenbar dazu, die jeweilige Gegenseite moralisch zu zermürben.

Im Zuge der am 10. März 1988 begonnenen Großoffensive gelang es der iranischen Armee, vor allem im Norden im Raum Sulaimanija im Zusammenwirken mit kurdischen Aufständischen Raum zu gewinnen. Diesen Umstand nahm Saddam Hussein am 16. März zum Anlaß, um massive Giftgaseinsätze gegen kurdische Siedlungen im Grenzgebiet zu befehlen. Die irakischen Luftangriffe mit Senfgas richteten sich gegen die Kleinstädte Halabscha und Dudschail und führten zu etwa 5.000 toten und 4.000 verletzten Zivilisten. Weitere Giftgasangriffe trafen am 23. März sechs Ortschaften nördlich von Halabscha. Wie man bei der Behandlung der Opfer im Ausland diagnostizierte, handelte es sich um die gleichen Kampfstoffe, wie man sie 1984 festgestellt hatte. Die seit dem Genfer Abkommen von 1925 verbotenen Giftgaseinsätze waren Gegenstand schwerer Vorwürfe seitens der UNO und sollten den wichtigsten Anklagepunkt im Prozeß gegen Saddam Hussein bilden. Der inzwischen eskalierte Beschuß von iranischen Städten mit weitreichenden Raketen wurde am 24. April 1985 endgültig eingestellt.

Im Herbst 1987 hatten die Anrainerstaaten der Golfregion verstärkte Anstrengungen unternommen, um einen Waffenstillstand zu vermitteln. Der Iran sah sich starkem Druck durch die USA ausgesetzt, den Krieg zu beenden. Gleichzeitig verstärkten die USA ihre Seestreitkräfte im Persischen Golf ganz erheblich, um die iranische Marine zur Einstellung ihrer Angriffe auf internationale Transportschiffe zu zwingen. Anfang 1988 befanden sich 44 amerikanische Kriegsschiffe, darunter ein Flugzeugträger und ein Schlachtschiff, im Arabischen Meer und im Persischen Golf. Nachdem eine US-Fregatte am 14. April 1988 auf eine Mine gelaufen war, zerstörten amerikanische Kampfverbände als Vergeltung mehrere iranische Ölplattformen und versenkten in Seegefechten iranische Kriegsschiffe. Alle diese Aktionen stützten indirekt die Position Saddam Husseins.

Der Iran hingegen erhielt zwar Rüstungslieferungen aus China, Nordkorea, Syrien, Libyen, Spanien, Portugal und Italien, doch drohte ihm ein Waffenembargo. Offenbar näherte sich das Land einem wirtschaftlichen Tiefpunkt, während der Irak militärische Erfolge im äußersten Süden, etwa durch die Rückeroberung der Halbinsel Fao, erzielte. Bis Ende Juni eroberte die irakische Armee fast alle verlorenen Gebiete zurück, wogegen die Kampfkraft der Iraner deutlich nachließ. Ein strategischer Umschwung zeichnete sich ab.

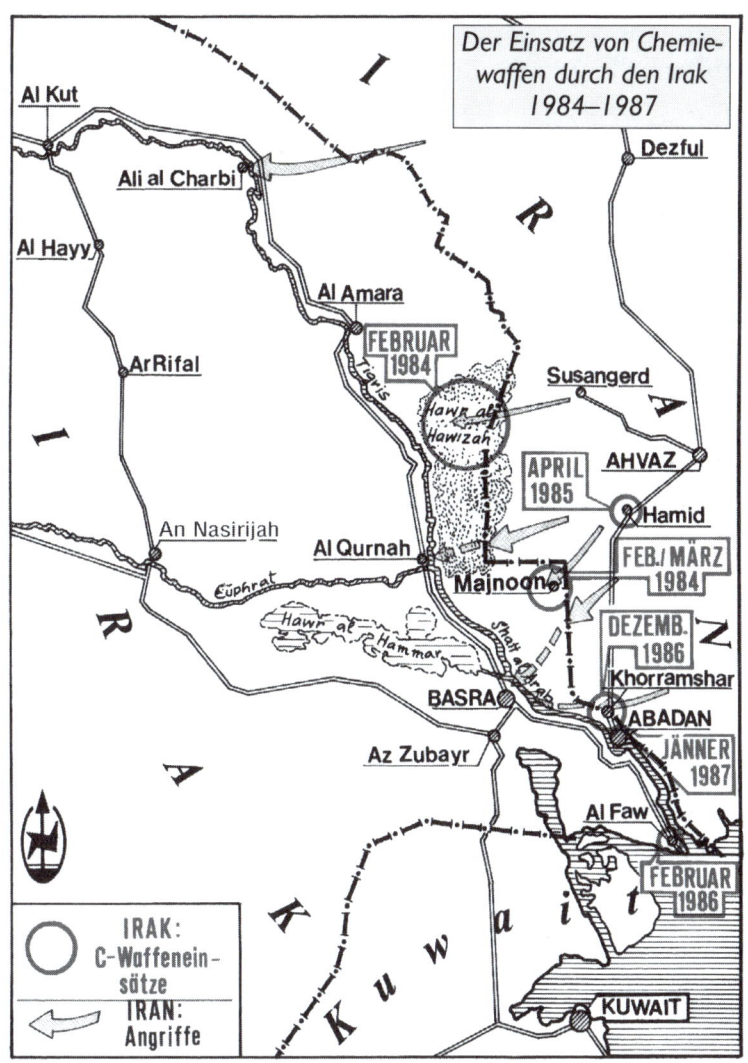

Der Einsatz von Chemie-
waffen durch den Irak
1984–1987

Am 3. Juli 1988 kam es in der Straße von Hormus zu
einem tragischen Zwischenfall, der den Anstoß zum
Waffenstillstand zwischen den kriegsführenden Ländern gab: Da quer zu diesem Seeweg eine zivile Flug-
route verlief, in der bereits mehrmals iranische

Kampfflugzeuge beobachtet worden waren, widmete die amerikanische Luftraumsicherung diesem Gebiet hohe Aufmerksamkeit. Am Morgen des 3. Juli beschossen nun iranische Schnellboote einen Hubschrauber des US-Raketenkreuzers *Vincennes*, der die Straße von Hormus überwachte. Dieser Vorfall löste auf dem Schiff erhöhte Alarmbereitschaft aus. Als kurz darauf ein Airbus der iranischen Luftlinie, der in Bandar Abbas gestartet war, vom Radar des Kreuzers erfaßt wurde und nicht als ziviles Flugobjekt identifiziert werden konnte, und der Airbus auf Warnsignale zur Kursänderung nicht reagierte, eröffnete die US-amerikanische Marine das Feuer und brachte das Zivilflugzeug zum Absturz.

Nach diesem Ereignis lenkte Ayatollah Khomeini ein und nahm am 20. Juli 1988 das UN-Angebot eines Waffenstillstandes mit dem Irak an, während dieser seine militärischen Erfolge noch ausbaute. Die dann am 26. Juli begonnenen Verhandlungen verliefen, nachdem beide Seiten Zugeständnisse gemacht hatten, erfolgreich. Die Freigabe der in den USA gesperrten Vermögenswerte des Iran spielte möglicherweise auch eine Rolle und beeinflußte das Agieren des Iran maßgeblich. Erst am 15. August 1990 verkündete Saddam Hussein den Rückzug aus den letzten noch besetzten Gebieten und den Austausch der Kriegsgefangenen. Die Verlustbilanz war schrecklich: Insgesamt zählte man mindestens 700.000 Gefallene, mehr als eine Million Verwundete und mehr als 1,5 Millionen Flüchtlinge. Die Schäden in der Erdölindustrie beliefen sich im Falle des Iran auf 28 Milliarden Dollar, im Falle des Irak auf acht Milliarden Dollar. Die Gesamtkosten des Krieges wurden auf zirka 400 Milliarden Dollar geschätzt. Des weiteren lasteten auf dem Irak Kreditschulden von rund 35 Milliarden Dollar gegenüber

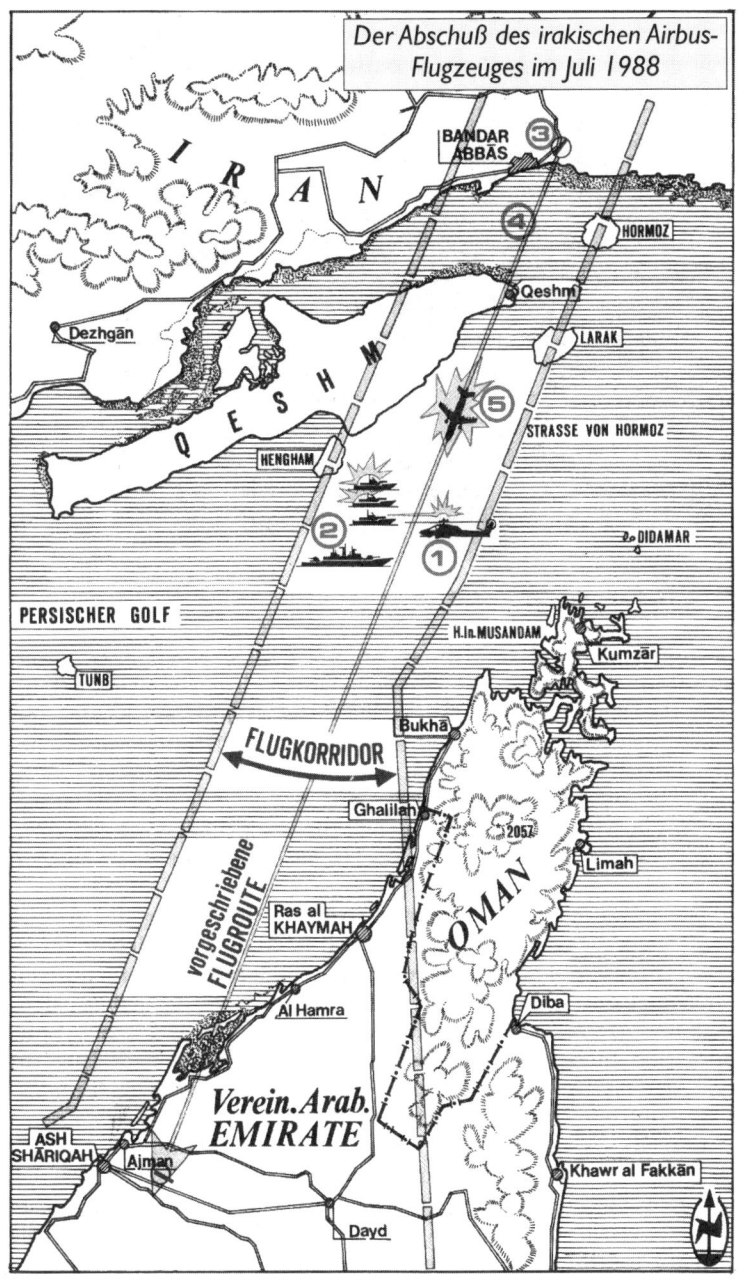

Der Abschuß des irakischen Airbus-Flugzeuges im Juli 1988

Saudi-Arabien und Kuwait sowie von rund 25 Milliarden Dollar gegenüber anderen Gläubigern.

Wenngleich der fast acht Jahre dauernde Krieg Saddam Hussein nur Verluste eingebracht hatte, fühlte er sich als Vorkämpfer des Panarabismus bestätigt, der im Nahen Osten seit dem Ende des Ersten Weltkrieges zunehmend Anhänger gefunden hatte. Hussein konnte nun darauf pochen, daß er den Krieg erfolgreich beendet und den islamischen Fundamentalismus zurückgedrängt hatte, und er beanspruchte für sein Land eine regionale Vormachtstellung. Er unterstützte die Palästinenser in ihrem Kampf gegen Israel, nachdem sich dieser Konflikt mit Beginn der sogenannten *Intifada* – zu deutsch „abschütteln" – im Dezember 1987 in den von Israel besetzten Gebieten zugespitzt hatte. Die Gegnerschaft zu Israel bildete das Zentralthema, womit Saddam sich als Vertreter der pan-arabischen Position profilierte. Insgeheim dürfte er die Wiedererrichtung des altbabylonischen Reiches vor Augen gehabt haben. Obendrein konnte er auf die Einkünfte aus dem wenn auch verminderten Erdölexport bauen, der immerhin 90 Prozent aller Einnahmen des Irak ausmachte. Dies alles waren Faktoren, die seinen Willen zu einer weiteren Expansion stärkten, nämlich zum Einmarsch in Kuwait im August 1990.

* * *

Eine Begleiterscheinung des irakisch-iranischen Krieges war, daß fast alle arabischen Staaten größere Rüstungsprogramme beschlossen und aufrüsteten. Das traf in erster Linie auf Ägypten, Kuwait und Saudi-Arabien zu. Ägypten erhielt Anfang 1990 die Zusage der USA, 700 Kampfpanzer vom Typ M 60 A1 aus ihren Beständen in Europa geliefert zu bekommen.

Die USA erklärten sich ebenso zu Rüstungslieferungen an Kuwait im Ausmaß von 1,9 Milliarden Dollar bereit, worunter 40 Kampfflugzeuge F/A 18 fielen, die bis 1993/94 eintreffen sollten. Saudi-Arabien benutzte die Schwäche des Iran, um strategische Vorteile in der Großregion zu gewinnen; schon 1985 hatte das Land einen Liefervertrag mit Großbritannien im Umfang von 5,5 Milliarden Pfund geschlossen, der unter anderem den Kauf von 50 Kampfflugzeugen vom Typ „Tornado" betraf. Dazu kamen Lieferungen von Rüstungsgütern aus den USA und Frankreich, während man von China 120 Mittelstreckenraketen vom Typ CSS-2 mit einer Reichweite von 2.500 Kilometern erwarb. Politische Kreise in den USA verwehrten hingegen Saudi-Arabien den Ankauf bestimmter Hochleistungswaffen, da man hierin eine mögliche Gefährdung Israels erblickte. Deutlich wird, daß vor allem die reichen Staaten der Golfregion die neu geschaffene Lage als nicht krisenfest beurteilten.

Die Lage im Mittleren Osten wurde denn auch durch die Raketenrüstung weiterhin instabil gehalten, wobei Israel immer wieder auf eine mögliche arabische Bedrohung hinwies. Israel selbst besaß den Status einer heimlichen Atommacht: Im Reaktor Dimona wurde Kernmaterial für Atomsprengköpfe hergestellt, wozu französische Techniker Hilfe geleistet hatten. Dazu kam der Vorteil einer weltraumgestützten Aufklärung. Darüber hinaus unternahm Israel am 14. September 1989 einen Test mit der dreistufigen Rakete „Jericho 2" mit einer Reichweite von 1.300 Kilometern, die als Zielgebiet den Seeraum nördlich der libyschen Küste hatte und besaß zum damaligen Zeitpunkt bereits die schon erprobte „Jericho 1"-Rakete mit einer Reichweite von 600 Kilometern.

Unter den arabischen Staaten verfügten Syrien, Libyen, Ägypten, Saudi-Arabien und der Irak über

Kurz- beziehungsweise Mittelstreckenraketen. Neben der in Erprobung befindlichen irakischen „Al Abbas"-Rakete mit einer Reichweite von 900 Kilometern ist die Weiterentwicklung des argentinischen Flugkörpers „Condor 2" zu nennen. Irakische und ägyptische Techniker verliehen dieser Rakete eine Reichweite von 1.000 Kilometern, und sie wurde in Ägypten als „Badr 2000" stationiert. Im Dezember 1989 schoß der Irak die dreistufige Rakete „Al Abid" – zu deutsch „Gottesdiener" – mit einer Reichweite von 1.600 Kilometern in den Weltraum; von israelischer Seite wurde dies als Bedrohung empfunden, auch wenn das Steuerungssystem noch Schwachstellen aufwies. Außerdem errichtete der Irak drei feste Abschußbasen für Raketen im Westteil des Landes.

In der erste Hälfte des Jahres 1990 erhob Saddam Hussein nun Ansprüche auf Kuwait und ließ keinerlei Zweifel an der Ernsthaftigkeit seiner Absichten. Es bestanden zahlreiche offene Fragen zwischen beiden Staaten: die Grenzziehung, über die man 1988 verhandelt hatte, war umstritten; man konnte sich hinsichtlich der Inseln Bubiyan und Warba nicht einigen, und es gab Streit über die Nutzung des Ölfeldes von Rumailah, das zum größten Teil in irakischem Gebiet lag. Obendrein hatte sich Kuwait den irakischen Vorschlägen bezüglich eines gemeinsamen Ölpreises nicht gefügt. Im übrigen beschuldigte Saddam das Land, gemeinsame Sache mit dem Feind Israel zu machen. Nicht zuletzt ging es um rund 15 Milliarden Dollar, die Kuwait dem Irak für den Krieg gegen den Iran gewährt hatte, die Saddam nun aber nicht zurückzahlen wollte. Saddam Hussein forderte außerdem, daß ihm die Rückzahlung der von Saudi-Arabien gewährten Kriegshilfe von 20 Milliarden Dollar erlassen werde. Im Mai 1990 warf er schließlich den Golfstaaten vor, zuviel Erdöl zu produzieren und somit die Schuld am Preisverfall zu tragen. Ursprünglich hatte Saddam nämlich gehofft, durch eine von den arabischen Staaten initiierte Senkung der Ölförderquote und einer damit verbundenen Steigerung des Ölpreises in die Lage versetzt zu werden, seine Kriegsschulden begleichen zu können. Der dem Irak über den Preisverfall zugefügte Schaden sollte sich laut Saddam mittlerweile auf 16 Milliarden Dollar belaufen.

Die US-amerikanische Politik schien zu signalisieren, daß man bereit wäre, den Irak als stabilisierenden Faktor in der Region zuungunsten anderer Golfstaaten zu bevorzugen. Diesen Eindruck riefen unter anderem die Lieferung großer Lebensmittelmengen aus den USA und der Umstand hervor, daß die US-Administration eine am 21. Februar 1990 im Kongreß eingebrachte Resolution blockierte, worin gefordert wurde, den Irak wegen Verletzung der Menschenrechte zu verurteilen. Auch die UNO nahm gegenüber dem Irak keine kritische Haltung ein. Die US-amerikanische Botschafterin im Irak erklärte am 25. Juli 1990, daß sich die USA bei innerarabischen Konflikten zurückhalten werden, was von Saddam Hussein so interpretiert wurde, daß er gewissermaßen einen Freibrief für sein weiteres Vorgehen hätte.

Doch der Diktator stand vor innenpolitischen Schwierigkeiten: Es war nicht gelungen, die Armee mit 800.000 Mann auf Friedensbetrieb umzustellen, und obendrein bedeutete eine so starke Armee für das Land eine schwere Belastung; die ungelöste Kurdenfrage band darüber hinaus zwei Armeekorps im Norden des Landes. Die schon 1988 begonnene Umstellung auf Privatwirtschaft zog nun ungeahnte Probleme nach sich und blieb in den Anfängen stecken. Dazu kam der Ausfall des blockierten Schatt al-Arab als Transportweg für Handelsgüter, und die Räumung der Minen gestaltete sich sehr kompliziert. Diese Entwicklung war die Ursache für den Druck, den Saddam Hussein auf Kuwait ausübte: Da er eine Verlagerung des Schiffverkehrs auf den Schatt al-Basra als alternativen Zugang zum Golf plante, wollte er auch die Sicherheit, daß von den beiden vorgelagerten Inseln Bubiyan und Warba keine Beschränkung des Schiffsverkehrs ausgehen würde; daß dort gar keine kuwaitischen Truppen stationiert waren, fiel bei seinen Überlegungen nicht weiter ins Gewicht.

Schon die britische Kolonialmacht hatte die Bedeutung der beiden Inseln erkannt und den Scheich von Kuwait angespornt, die Inseln am 3. November 1914 zu besetzen. Das Emirat Kuwait hatte außerdem an dem Krieg gegen das Osmanische Reich an der Seite Großbritanniens teilgenommen. Mit der Abtrennung Kuwaits vom irakischen Staatsgebiet war der Zugang des Irak zum offenen Meer ganz erheblich eingeschränkt worden. Als schließlich Kuwait, das bis dahin britisches Mandatsgebiet gewesen war, 1961 seine Unabhängigkeit erlangt hatte, waren beide Inseln in den Besitz des neuen Staates übergegangen. Damit war der Konflikt mit dem Irak vorprogrammiert gewesen.

Auch die Sowjetunion hatte mit Kuwait eigene Pläne gehabt: Nachdem der Irak nach dem Sturz der Monarchie 1958 in die Abhängigkeit der Sowjetunion geraten war, hatte die sowjetische Führung 1960 die Absicht unterbreitet, mit Hilfe irakischer Truppen Kuwait anzugreifen. Man hatte solcherart einen sicheren Zugang zum Persischen Golf gewinnen wollen. Als sich 1961 der Aufmarsch irakischer Truppen abzeichnete, hatte Großbritannien Marineinfanterie-Einheiten in Kuwait an Land gehen lassen, um zu signalisieren, daß eine Invasion in Kuwait nicht kampflos vor sich gehen würde. Daraufhin hatte der Irak seine Angriffskräfte zurückgezogen. Großbritannien hatte im Anschluß für die Unabhängigkeit Kuwaits und die Errichtung einer Erbmonarchie gesorgt.

Jedenfalls knüpfte Saddam Hussein an die bisherigen Versuche irakischer Regierungen an, diese Inseln zu neutralisieren oder in Besitz zu nehmen. 1989 war er einen Schritt weitergegangen und hatte einen Nichtangriffspakt mit Saudi-Arabien geschlossen, womit er aus seiner Sicht die Position Kuwaits erheblich schwächte. Um die wiederholten Verdächtigungen zu entkräften, daß der Irak Nuklearwaffen entwickle, ließ der Diktator im April 1990 erstmals die Inspektion der Atomanlagen durch Vertreter der „Internationalen Atomenergiebehörde" (IAEO) zu. Allerdings stand seine Ankündigung vom 2. April 1990 im Raum, jeden Versuch eines atomaren Angriffs auf den Irak mit dem Einsatz chemischer Waffen gegen Israel zu vergelten und halb Israel zu vernichten.

Diese Haltung ließ bereits die Doppelstrategie Saddam Husseins erkennen, die er in den nächsten Jahren verfolgen sollte: Nachgiebigkeit gegenüber bestimmten Organisationen, aber Bedrohung Israels. Die spätere wiederholte Mahnung, Israel mit chemischen Waffen anzugreifen, brachte ihm zwar Sympathien im arabischen Lager ein, bescherte ihm aber anderswo die Rolle des Bösewichts. Diesen Umstand nutzten die amerikanische Politik und viele prowestliche Medien, um ihn zugunsten Israels hochzuspielen. Die häufig wiederholte Behauptung seitens des israelischen Geheimdienstes Mossad, daß der Irak chemische und biologische Waffen herstelle, gewann an Gewicht. Die israelische Presse wurde nicht müde, die Gefahr eines Rüstungswettlaufes zwischen dem Irak und Israel zu betonen.

Während die Verhandlungen mit Kuwait nicht vorankamen, konzentrierte Saddam Hussein rund 100.000 Soldaten im irakisch-kuwaitischen Grenzgebiet, die von der amerikanischen Aufklärung erfaßt wurden. Am 1. August ließ Saddam Hussein die Verhandlungen mit Kuwait, das nicht nur er als übles Relikt des Kolonialismus betrachtete, abbrechen. Der Einmarsch in das sehr reiche und verhaßte Kuwait am 2. August 1990 führte nach einigen Pannen und kurzem Kampf zur Besetzung des kuwaitischen Staatsgebietes und der beiden umstrittenen Inseln. Am 8. August vollzog er den Anschluß Kuwaits an den Irak als 19. Provinz. Dieser Schritt diente seinem Ziel, Überlegenheit über die anderen OPEC-Staaten zu erlangen. Infolge der Mobilmachung konnte er neben der Präsidentengarde eine ansehnliche Streitmacht von sieben Panzer- und 42 Infanteriedivisionen, dazu 20 Brigaden mit insgesamt 5.500 Kampfpanzern und 3.500 Geschützen aufbieten. An Kampfflugzeugen standen ihm rund 500 Frontflugzeuge zur Verfügung, darunter sowjetische MiG 23 und MiG 25 sowie französische Mirage F 1 EQ, wobei die sowjetischen Typen nicht den Leistungsstand der amerikanischen und britischen Kampfflugzeuge besaßen.

Saddam hatte schlicht nicht damit gerechnet, daß er mit der Besetzung Kuwaits binnen kurzer Zeit eine feindliche Koalition unter amerikanischer Regie gegen sich aufbringen würde. Der UN-Sicherheitsrat verhängte am 6. August ein umfassendes Wirtschafts- und Waffenembargo, das auch zur Sperrung irakischer Konten führte. Ab dem 10. August liefen Kriegsschiffe westlicher Staaten, aber auch der Sowjetunion, in den Persischen Golf ein. Die US-amerikanische Marine verstärkte ihre Trägergruppen im Arabischen Meer sowie im Indischen Ozean, während starke US-Heeresverbände nach Saudi-Arabien transportiert wurden. Ende August waren im Zuge des Unternehmens „Wüstenschild" bereits drei kampfstarke Divisionen vorhanden und ein Panzerkorps befand sich in

In einem Graben in der Wüste sitzen am 25. Februar 1991 irakische Kriegsgefangene, bewacht von Soldaten der alliierten Streitkräfte. Rund 80.000 irakische Soldaten gerieten während der Bodenkämpfe in alliierte Kriegsgefangenschaft.

Zuführung. Die US-Luftwaffe verlegte Staffel um Staffel nach Saudi-Arabien, darunter auch F 111- und B 52-Bomber sowie die hochmodernen F 117-Tarnkappenbomber. Somit würden von Saudi-Arabien, vom Mittelmeer, vom Roten und vom Arabischen Meer aus Luftoperationen gegen den Irak gestartet werden können. Die Golf-Emirate gestatteten die Stationierung von amerikanischen Truppen. Auch die Türkei verstärkte den Schutz der Grenze zum Irak. Zu diesem Zeitpunkt war die Gefahr eines Angriffs des Irak gegen Saudi-Arabien bereits eingedämmt.

Als Folge des Konflikts erlitt der Irak große Einbußen im Erdölgeschäft. Die Sperrung der in die Türkei beziehungsweise ins Rote Meer führenden Pipelines brachte dem Irak Verluste von täglich 83 Millionen Dollar ein. Demgegenüber bestand die Chance, durch eine erfolgreiche Annexion Kuwaits ein Viertel der gesamten Erdölförderung des Mittleren Ostens zu kontrollieren. In den nächsten Monaten wurde jedoch deutlich, daß die in Kuwait gemachte Beute keineswegs jenes Maß erreichte, mit dem die Ausfälle in den Erdölexporten hätten gedeckt werden können. Der Diktator verlegte sich aufs Verhandeln, verknüpfte seine Forderungen mit aktuellen UN-Resolutionen und verband ein scheinbares Einlenken mit der Ausrufung des „Heiligen Krieges", was jedoch nur geringe Wirkung zeigte. Er nahm zirka 11.000 Ausländer als Geiseln, die er als Druckmittel einsetzte, um den Westen zur Beendigung der – wie er sagte – Aggression gegenüber dem Irak zu zwingen. Über Monate hinweg versuchte er über geschicktes Taktieren, die Entschlossenheit der gegnerischen Koalition aufzuweichen und befreundete Staaten, wie etwa das wirtschaftlich abhängige Jordanien, in den Konflikt mit einzubeziehen. Wenn die Einverleibung Kuwaits und die Spaltung der westlichen Koalition als kurzfristige

Ziele galten, so zählte die Führerschaft im arabischen Lager mit der Spitze gegen Israel zu den langfristigen.

Allerdings entfaltete die Drohung mit der „chemischen Bombe" nicht den erwünschten Effekt. Zwar hatte der Irak mehrere Produktionsanlagen für chemische Kampfstoffe errichtet; Produktionsorte sollen unter anderem Al-Kaim an der Westgrenze, Falludscha westlich von Bagdad, Kerbala, Hilla und verschiedene kleine Orte im Raum Basra gewesen sein. In diesen Anlagen wurden Stoffe wie das Hautgift Senfgas und die Nervengifte Tabun und Sarin hergestellt. Die geschätzte Gesamtproduktion an Senfgas wurde seitens des Westens mit 720 Tonnen pro Jahr, die von Tabun und Sarin mit je 50 Tonnen angegeben. Zum Einsatz dieser Kampfstoffe eigneten sich eine Reihe von Waffen, vor allem Raketen unterschiedlicher Reichweite und Kampfflugzeuge. Außerdem unternahm der Irak Versuche mit Raketen mit Reichweiten zwischen 570 und 640 Kilometern, um seine Gegner einzuschüchtern. Allerdings war den Experten bekannt, daß der Irak allein durch den Einsatz chemischer Waffen keine kriegsentscheidende Wirkung würde erzielen können.

Nachdem der UN-Sicherheitsrat am 25. August die Anwendung auch militärischer Mittel gegen den Irak für zulässig erklärt hatte, hätte es für Saddam Hussein keinen Zweifel an der Entschlossenheit seiner Gegner mehr geben dürfen. Doch das Embargo und die gegen sein Land verhängte Blockade machten auf ihn wenig Eindruck, vielleicht, da die daraus erwachsenden Nachteile im wesentlichen nur die Bevölkerung trafen, deren Unmut er leicht gegen das Ausland ablenken konnte. Die Beschlüsse auf dem Gipfeltreffen von Moskau am 9. September ließen jedoch keinen Zweifel daran, daß von der Sowjetunion, die bereits kurz vor dem Zerfall stand, keine substantielle Hilfe mehr

zu erwarten war. Dennoch hatte der sowjetische Außenminister am 7. September durchblicken lassen, daß
die Golfkrise wahrscheinlich zu einem dritten Weltkrieg hätte führen können, wäre sie vor dem Ende des
„Kalten Krieges" ausgebrochen. Die USA handelten
derweil gemäß eines Vier-Punkte-Plans, der jeden
Kompromiß mit Saddam Hussein ausschloß. Im Gegenzug erklärte das irakische Außenministerium, daß
es in der Sache Kuwait kein Einlenken gäbe. Beide Seiten nahmen somit unvereinbare Positionen ein. Der
irakische Präsident gab sich gleichwohl weiterhin zu-
versichtlich, als ob das Schicksal Kuwaits von seinem
Verhandlungsgeschick abhinge.

Auf der militärischen Ebene führte man den irakischen Verbänden in Kuwait weitere Truppen zu, die
an der Grenze zum Iran, mit dem nun endgültig Frieden herrschte, freigeworden waren. Damit stieg die
dortige Konzentration auf drei Korps mit 15 Divisionen, darunter zwei Panzer- und zwei mechanisierte
Divisionen. Bis zum Jahresende wurden neun mechanisierte Divisionen als operative Reserve in den Raum
Basra verlegt. Gleichzeitig nahm man die Masse der
sogenannten „Republikanischen Garde" in den Großraum Bagdad als zentrale Reserve zurück. Damit waren Mitte Oktober rund 400.000 Mann im Süden verteilt, also etwa die Hälfte der Gesamtstreitkräfte. Der
Irak mußte relativ starke Kräfte an der Grenze zur
Türkei, zu Syrien und auch in den Kurdengebieten be-
lassen, um jeden Aufstandsversuch im Keim ersticken
zu können. Weiter wurden in Kuwait „Scud B"-Rake-
ten stationiert, während man weitere zwölf Raketen-
Startrampen im westlichen Grenzraum und sechs andere gegenüber der Türkei in Stellung brachte.

Saddam Hussein wollte im Spätherbst 1990 schlicht
nicht zur Kenntnis nehmen, daß es für ihn keinen anderen Ausweg als den Rückzug aus Kuwait ohne „Ge-

genleistung" gab. Auch die Freilassung der ausländischen Geiseln im Dezember verschaffte ihm keinen Vorteil. Auf politischer Ebene versuchte er, die Weltöffentlichkeit aufzurütteln, indem er beispielsweise den Tod zahlreicher irakischer Kinder als Folge der gegen das Land verhängten Sanktionen öffentlichkeitswirksam anklagte. Des weiteren drohte er an, im Falle einer gegnerischen Offensive Israel mit Raketen anzugreifen und gemeinsam mit der PLO Terroranschläge zu organisieren. Hierbei kam ihm die aufgeheizte Stimmung im Lager der Palästinenser zugute, nachdem es am 9. Oktober 1990 zu Ausschreitungen auf dem Tempelberg in Jerusalem gekommen war, im Zuge derer die israelische Polizei mindestens 21 Palästinenser erschossen und 150 verletzt hatte. Indem er für die Palästinenser offen eintrat, brachte er diejenigen arabischen Kreise, die nur widerwillig für den Westen optiert hatten, in große Verlegenheit. Jedenfalls bezeichnete er den Kampf gegen Israel als „heilige Sache" und forderte seine Generale auf, diesen auch dann zu fortzusetzen, wenn er nicht mehr den Oberbefehl innehätte.

Im November beauftragte er die Luftwaffenführung, einen Schlag gegen Israel mit fast 100 Flugzeugen unter Einsatz von Giftgas vorzubereiten, ohne auf fachliche Einwände zu hören und ohne zur Kenntnis zu nehmen, daß Israel in technischen Belangen weit im Vorteil war. So hatte ihn sein Nachrichtendienst wissen lassen, daß im Falle eines Angriffs mit Chemiewaffen die israelische Armee mit einem massiven Atomschlag reagieren könnte und schon drei irakische Städte im Visier hätte. Dennoch hielt er an seinem Plan fest und unterzeichnete am 17. Dezember den Angriffsbefehl. An diesem Beispiel wird der Teufelskreis zwischen der Machtfülle des Diktators und der Unterwürfigkeit seiner Berater und Generale sichtbar, die aus Angst, in Ungnade zu fallen, den Potentaten mit irreführenden Informationen versorgten und gleichzeitig dessen Selbsttäuschung förderten. Noch am 12. Januar fand eine Besprechung statt, in der sich die meisten Befehlshaber Illusionen über die eigenen und die gegnerischen Fähigkeiten machten und nicht den Mut fanden, die fachlichen Konsequenzen zu ziehen.

Das vom Weltsicherheitsrat am 29. November 1990 gestellte Ultimatum, die Resolution 678, die den Irak zum Abzug seiner Truppen aus Kuwait bis zum 15. Januar 1991 aufforderte, da ansonsten militärische Maßnahmen drohten, nahm Saddam Hussein gelassen hin. Ein anderer Staatsmann hätte womöglich diese letzte Chance genutzt, um sich unbeschadet aus Kuwait zurückzuziehen. Doch offenbar setzte der irakische Präsident einen solchen Rückzug mit einem Gesichtsverlust gleich und vertraute weiterhin irrationalen Schachzügen. Er meinte, nicht ohne Chance zu sein, als etwa in den USA angedeutet wurde, daß im Falle eines irakischen Rückzuges eine Verständigung über die umstrittenen Inseln möglich wäre. Andererseits konnte er kaum mehr die „friedliche Angliederung" Kuwaits glaubhaft machen, nachdem die Menschenrechtsorganisation „Amnesty International" einen Bericht über zahlreiche Vergehen und Gewalttaten an kuwaitischen Bürgern veröffentlicht hatte.

Die Alliierten unter US-General Norman Schwarzkopf hatten inzwischen ihre Vorbereitungen für den Angriff zur Rückeroberung Kuwaits abgeschlossen. Der in der Nacht zum 17. Januar 1991 begonnene Luftkrieg – die Operation „Desert Storm" – bewies die hohe Überlegenheit der Gegner Saddam Husseins, denen er nichts Ebenbürtiges entgegensetzen konnte. Allein die USA brachten 1.800 Kampfflugzeuge, sechs Flugzeugträger und ein Schlachtschiff ein. Dazu kamen 600 Flugzeuge und zahlreiche Kriegsschiffe der

Verbündeten. In den ersten 24 Stunden wurden 1.300 Einsätze geflogen, kräftig unterstützt durch Marschflugkörper vom Typ „Tomahawk", die von Schiffen und U-Booten abgefeuert wurden.

Durch die Zerstörung vieler irakischer Befehlsbunker kam die Strategie der Alliierten einem „Enthauptungsschlag" sehr nahe. Ihre Luftstreitkräfte operierten gemäß eines genauen Zielkatalogs und waren aufgrund ihres hervorragenden Führungssystems in der Lage, innerhalb von 24 Stunden zwischen 5.000 und 6.000 Flugbewegungen zwischen der Türkei, der arabischen Halbinsel und dem Roten Meer zu koordinieren. Eine wichtige Rolle spielten hierbei Luftbetankungen. Schwere B 52-Bomber flogen sogar Angriffe von England und Spanien aus und landeten schließlich auf der Insel Diego Garcia im Indischen Ozean. Die Allianz führte einen strategischen Luftkrieg bisher unbekannten Ausmaßes, wobei sie die damals modernsten Präzisionswaffen einsetzte und damit erstmals in einem Ernstfall erproben konnte. Bis zum 9. Februar kam man auf 50.000, bis zum 22. Februar auf 90.000 Einsätze.

Vorrangige Ziele waren zunächst die gegnerischen Führungszentralen, Radarstellungen und Flugplätze, außerdem die beiden Atomreaktoren in Tuwaitha und die Anlagen für chemische Kampfstoffe. Es sollte schon zu Beginn ein Maximum an Zerstörung erzielt werden, um dem Irak die Aussichtslosigkeit weiteren Widerstandes klarzumachen und ihn zum Einlenken zu bewegen. Die zirka 690 Kampfflugzeuge der irakischen Luftwaffe, die sich auf rund 40 Stützpunkte verteilten, wurden in den ersten Kriegstagen zum Großteil niedergekämpft. Der Rest wurde zum Schutz in rund 100 speziell ausgestattete Hallen und zirka 50 Hangars gebracht. Damit war die Luftherrschaft der Alliierten gesichert. Wo irakische Flugzeuge wagten, sich auf Luftkämpfe einzulassen, zogen sie den kürzeren. Offensichtlich suchten mit Wissen des Diktators viele Kampfflugzeuge den Weg in den Iran, um sich dort für weitere Aufgaben bereitzuhalten.

Im späteren Kriegsverlauf richteten sich die Luftangriffe zunehmend gegen irakische Bodentruppen, gegen Treibstoff- und Munitionsdepots, Verkehrsziele, Kraftwerke und Raffinerien. Die Alliierten flogen täglich 2.000–2.500 Einsätze. Nachdem am 18. Januar erstmals Boden-Boden-Raketen israelisches Gebiet getroffen hatten, begann die schwierige Jagd auf die Scud-Raketen mit Hilfe von Aufklärungssatelliten und Radar-Überwachungsflugzeugen. Zur Abwehr derartiger Angriffe hatte die amerikanische Armee zahlreiche Fla-Raketen vom Typ „Patriot" bereitgestellt, während Israel ebenfalls einige „Patriot"-Einheiten erhielt. Es war bekannt, daß der Irak über 36 bewegliche Startgeräte und 18 ortsfeste Startanlagen verfügte, während man westlicherseits die Anzahl der Boden-Boden-Raketen auf insgesamt 350 nur schätzen konnte.

Saddam rief zu Beginn des Luftkrieges Allah um Beistand in der „Mutter aller Schlachten" an. Wie bereits in den früheren militärischen Auseinandersetzungen unterschätzte Saddam die Wucht und Zielgenauigkeit der gegnerischen Luftschläge. Er reagierte mit einer Hinhaltetaktik und ging zur ökologischen Kriegsführung über, indem er Erdöl in den Golf ableitete, um die Entsalzungsanlagen der Anrainerstaaten zu ruinieren. Er rechnete weiterhin mit einem Erfolg und hoffte auf die Uneinigkeit unter den Verbündeten, wobei er diverse Aussagen hochrangiger Politiker sowie die Demonstrationen in westlichen Staaten als Indizien einer Zerrüttung der Koalition interpretierte. Er erklärte die abgeschossenen amerikanischen Piloten zu Kriegsverbrechern und kündigte an, sie als lebende Schutzschilde zu benutzen. Ende Januar for-

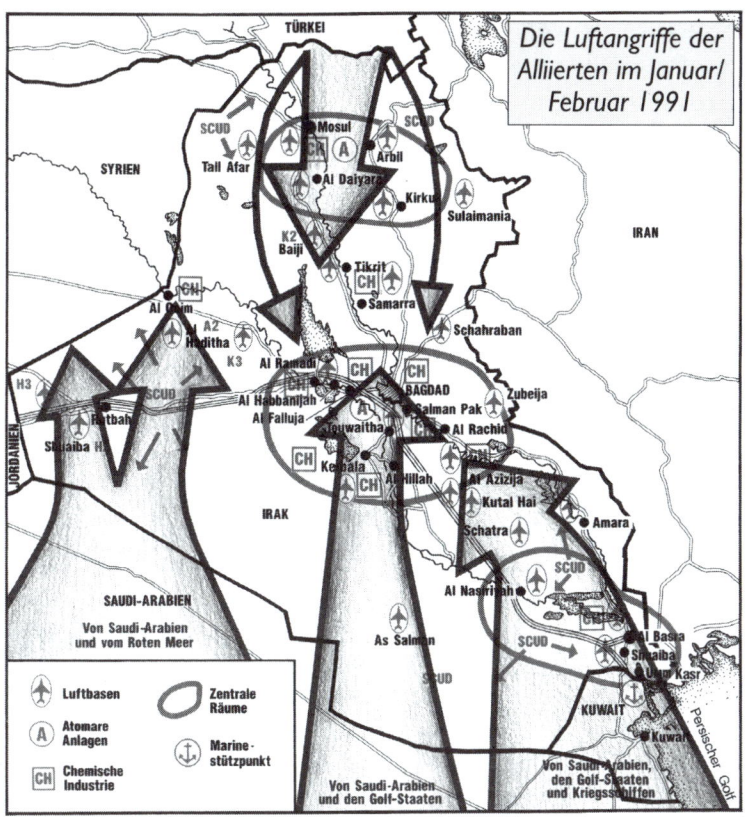

Die Luftangriffe der Alliierten im Januar/Februar 1991

derte Kusai Hussein, der Sohn des Präsidenten, die Erschießung gefangener amerikanischer und britischer Piloten, was aber letztlich durch die Besonnenheit des verantwortlichen Offiziers verhindert wurde.

Die irakischen Truppen im Großraum Kuwait und im Südirak umfaßten schließlich 450.000–480.000 Mann von insgesamt 550.000 Mann an regulären Kräften, während nahezu eine weitere halbe Million Mann zu den Reserven zählten. Man hatte Kuwait zu einer tief gestaffelten Großverteidigungszone mit starker Artillerie, Panzer- und Fliegerabwehr ausgebaut. Drei Korps bildeten den vorderen Verteidigungsgürtel, dahinter lagen ein weiteres Korps und Teile der Präsidentengarde als operative Reserven, während sich der Großteil der Garde im Raum Bagdad befand.

Ihnen gegenüber standen zu Lande und auf See knapp 700.000 Mann der Alliierten, vor allem aus den USA mit etwa 500.000 Soldaten, Großbritannien mit 30.000 Mann und Frankreich mit 13.000 Mann. Größere Kontingente stellten auch Saudi-Arabien, Ägypten, Syrien und Kuwait. An Kampfpanzern waren insgesamt 2.200 vorhanden. Die USA hatten große Teile ihrer in der Bundesrepublik Deutschland stationierten Kräfte, nämlich das ganze VII. Korps, in die Golfregion verlegt. Die US-Truppen umfaßten Mitte Februar elf Divisionen, darunter drei Panzer- und zwei Marinedivisionen, dazu zwei schwere Brigaden und sogenannte Special Forces. Eine hochkomplizierte logistische Organisation machte die Bevorratung aller Verbände möglich. Die taktischen Luftangriffe hatten den irakischen Heeresverbänden schwere Verluste zugefügt; man berechnete, daß man bisher etwa 1.700 Kampf- und 925 Schützenpanzer zerstört haben müßte. Besonders gewichtig erschien die Reduzierung der artilleristischen Feuerkraft um 48 Prozent. Auf diese Weise sollten die an vorderster Front eingesetzten irakischen Verbände rund 50 Prozent ihrer Kampfkraft verloren haben, während die Verluste der Truppen in der Tiefe offenbar noch höher lagen.

Mitte Februar kam es nochmals zu Vermittlungsversuchen, etwa durch den sowjetischen Emissär Jewgeni Primakow. Der mit sowjetischer Hilfe ausgearbeitete Plan wies jedoch so viele Vorbehalte zugunsten des Irak auf, daß er von den Alliierten abgelehnt wurde. Nachdem Saddam Hussein das auf den 23. Februar befristete Ultimatum von Präsident Bush zum Abzug seiner Truppen aus Kuwait ignoriert hatte, begann tags darauf der Großangriff „Desert Saber" auf einer Breite von 450 Kilometern, der in Form einer gelungenen „Air-Land-Battle"-Operation binnen weniger Tage zum Sieg führte. Bei dieser Operation handelte es sich um das enge Zusammenwirken von Aufklärung, Feuerkraft und Bewegung zu Lande und in der Luft, sowohl an der Front als auch in der Tiefe des Raumes durch den jeweiligen taktischen Kommandanten, meist auf Brigade-Ebene. Hierbei kam die technische Überlegenheit der Alliierten voll zur Geltung, etwa durch den Einsatz ferngelenkter Drohnen zur Nahaufklärung.

Dem Angriff waren umfangreiche Scheinaktionen durch die Marineinfanterie vorangegangen, die eine amphibische Landung vorgetäuscht hatten. Durch eine weit nach Westen ausholende Bewegung konnten die amerikanischen Panzer- und Luftlandedivisionen mit britischer Unterstützung die gegnerischen Truppen bei nur geringer Gegenwehr umfassen und aufreiben. Einige Divisionen der „Republikanischen Garde" gingen im Duell mit dem einer überlegenen Taktik folgenden Gegner schlichtweg unter. Der Erfolg der Alliierten wurde des weiteren über eine Errichtung von Versorgungsdepots dicht hinter den Angriffsspitzen sichergestellt. Die Schnelligkeit des Angriffs war so groß, daß eine Division innerhalb von vier Tagen fast 400 Kilometer zurücklegen konnte. Am 27. März war die wichtige Rückzugsstraße nach Basra unterbrochen und Kuwait zurückgewonnen. Kurz vor dem Rückzug hatte Saddam Hussein an die 600 Erdölquellen in Kuwait in Brand setzen lassen. Massive Luftangriffe richteten sich nun gegen fliehende Verbände, die dadurch hohe Verluste erlitten. Die Alliierten zerstörten oder erbeuteten rund 4.000 Kampfpanzer und 2.600 Artilleriegeschütze.

Saddam Hussein hatte zwar die Standhaftigkeit seiner Truppen in vorderer Linie unterschätzt, allerdings schon in Erwartung einer Niederlage rechtzeitig den Großteil der „Republikanischen Garde" von anfangs acht Panzer- und mechanisierten Divisionen zurückgezogen. Insgesamt verblieben ihm im Norden und im Zentralraum somit noch rund 30 Divisionen. Auch der größte Teil der Hubschrauber blieb intakt, ein Umstand, der im April bei der Bekämpfung der Kurden Bedeutung erlangen sollte. Der Angriff der Alliierten traf im wesentlichen nur auf zweitklassig ausgebildete Truppen, die schnell überwältigt wurden, während sich die Elitetruppen zurückzogen, ohne eine Entscheidungsschlacht zu führen. Darin zeigte sich der politische Instinkt des Saddam Hussein.

Wenn auch General Schwarzkopf die Operation so lange fortsetzen wollte, bis man zumindest die Einheiten der „Republikanischen Garde" im „Sack von Basra" aufgerieben hätte, setzte sich Präsident Bush mit der Forderung nach rascher Einstellung der Kampfhandlungen durch. Noch zu diesem Zeitpunkt versuchte Saddam Hussein zu taktieren, indem er nur den Abzug aus Kuwait zusagte. Dies wurde jedoch mit der Begründung abgelehnt, daß er alle zwölf einschlägigen UN-Resolutionen akzeptieren müsse. Erst am Morgen des 28. Februar stimmte der Diktator sämtlichen Waffenstillstandsbedingungen zu. Am 3. März akzeptierten die irakischen Bevollmächtigten diese Bedingungen, doch fand der Krieg erst am 12. April nach verschiedenen Irritationen sein formelles Ende.

In der UN-Resolution 686 vom 3. März 1991 wurde an den Wirtschaftssanktionen gegen den Irak mit wenigen Ausnahmen weiterhin festgehalten, ein Passus, der den Wiederaufbau des Landes schwer beeinträchtigte und bald eine Hungersnot auslöste. Ein Ersuchen im Mai 1991, diese Sanktionen aufzuheben, wurde vom zuständigen UN-Ausschuß abgelehnt. An militärischen Verlusten waren fast 100.000 Gefallene und

200.000 Verwundete zu beklagen. Auf seiten der Koalition gab es 425 Gefallene und Vermißte. Die Kriegskosten des Irak beliefen sich auf etwa 200 Milliarden Dollar und überstiegen die der Koalition um mehr als das Doppelte. Die in Brand gesteckten Erdölquellen in Kuwait verursachten eine riesige Umweltkatastrophe, da täglich sechs Millionen Faß Rohöl verbrannten. Die Brände konnten erst Ende November 1991 gelöscht werden, wobei die Kosten etwa zwei Milliarden Dollar betrugen. Israel konnte derzeit für sich verbuchen, daß der Golfkrieg die öffentliche Aufmerksamkeit vom ungelösten Palästinenser- und Libanonproblem abgelenkt hatte.

* * *

Unmittelbar nach Kriegsende begann eine politische Neuorientierung im Nahen Osten. Saddam Hussein hatte richtig kalkuliert, daß sich die Koalition der Gegner gemäß der von der UNO vertretenen Position mit einer Rückgewinnung Kuwaits begnügen und keinen Angriff auf den Irak zur Entmachtung des Diktators unternehmen würde. Gerade dies wurde jedoch von vielen ausländischen Beobachtern erwartet. Auch in Israel kritisierte man die USA, daß sie den Krieg zu früh beendet hätten. Anscheinend erschien den amerikanischen Generalen der Preis für einen Vorstoß auf Bagdad zu hoch. Die Position der US-Regierung lautete, daß es Sache des irakischen Volkes sei, das Regime zu stürzen, wobei man unausgesprochen das Militär als Träger des Umsturzes im Blick hatte.

Als am 4. März ein Aufstand der Schiiten im Süden des Landes ausbrach, die die Niederlage Saddams ausnützen wollten, um einen Regimewechsel zu erkämpfen, schlug der irakische Präsident mittels seiner intakten Reserven hart und kompromißlos zu. Die

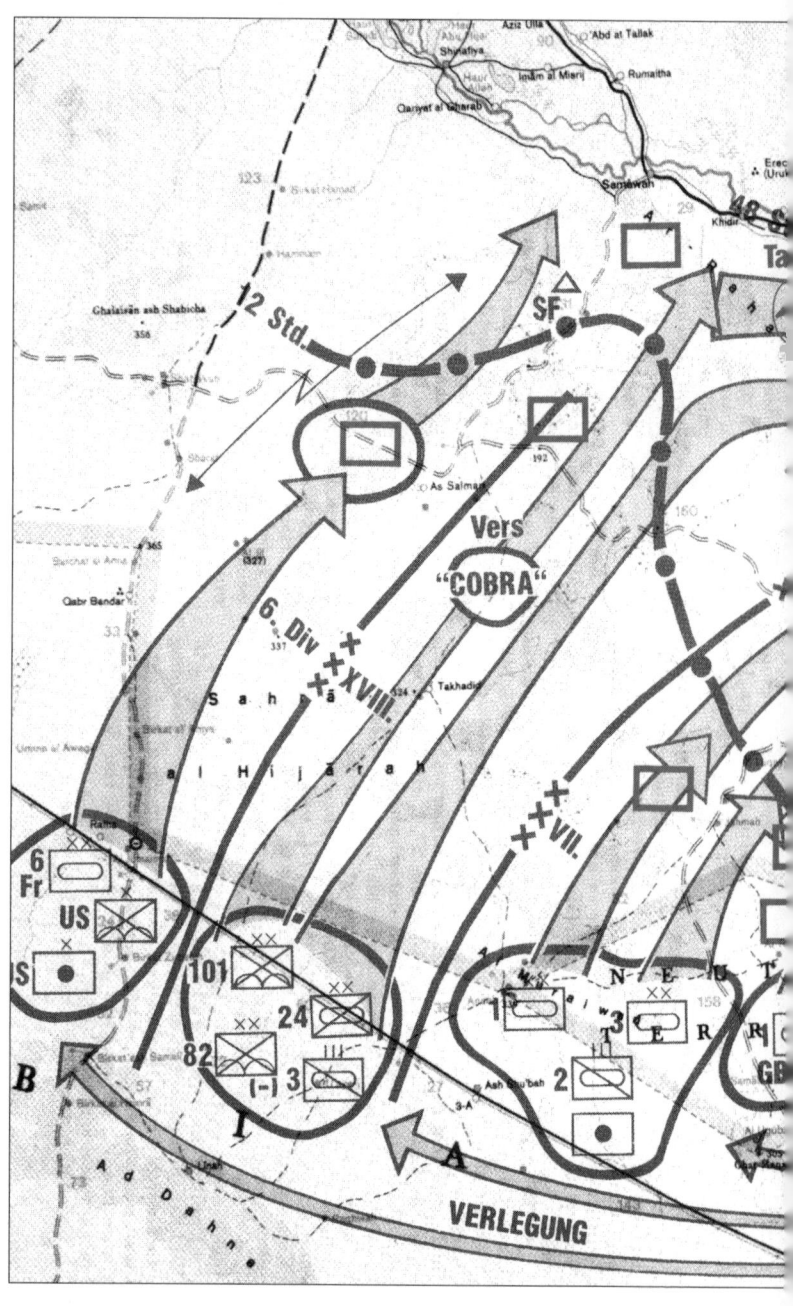

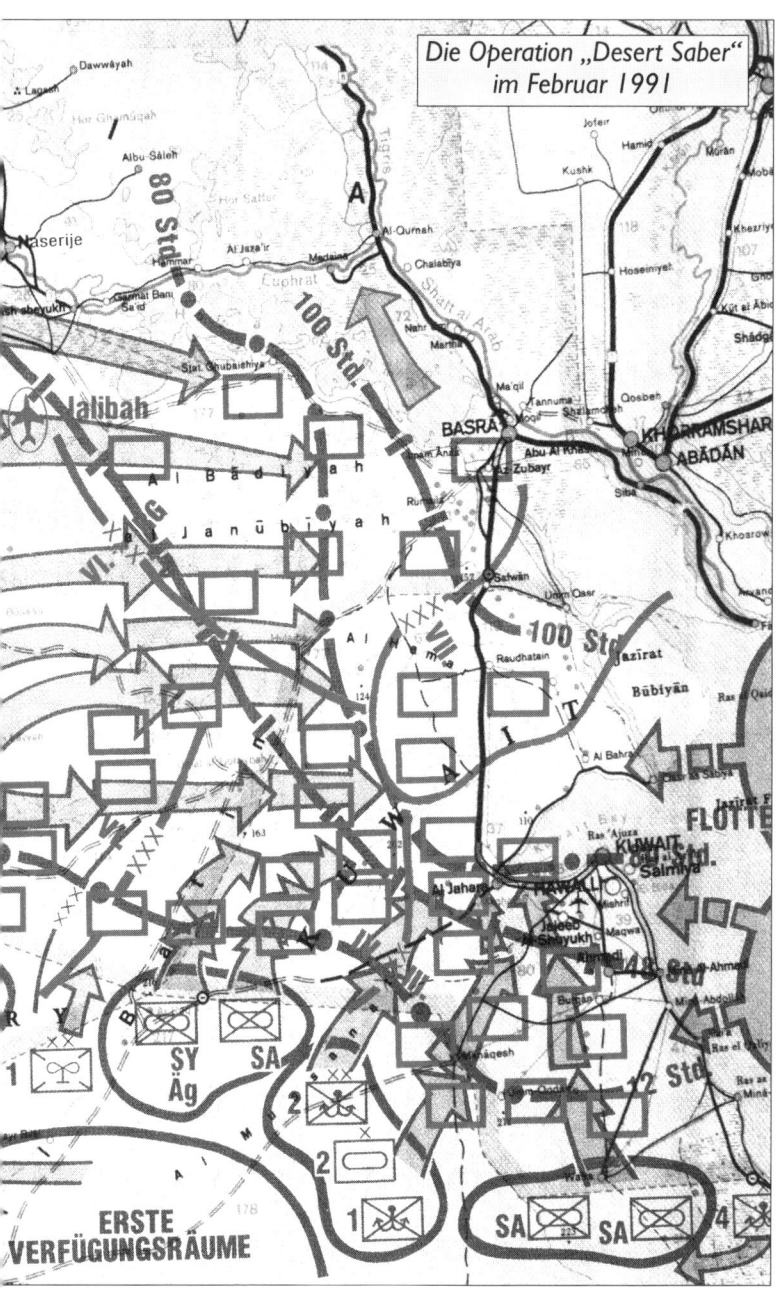

ihm später vorgeworfenen Grausamkeiten gegen die eigenen Landsleute bedeuteten in den Augen eines arabischen Potentaten nichts anderes, als zulässige Maßnahmen gegen einen treubrüchigen Feind im eigenen Land auszuführen, dem keinerlei Schonung zustand. Der Treuebruch gegenüber dem Herrscher galt in der arabischen Welt seit alters her als todeswürdiges Verbrechen.

Zunächst konnten die Schiiten nur einige tausende Kämpfer aufbieten, die die heiligen Stätten in Nadschaf und Kerbala besetzten. In der Folge stießen von den Irakern freigelassene Kriegsgefangene und iranische Freiwillige zu den Aufständischen, während sich die alliierten Besatzungstruppen im Südirak zurückhielten. Es stellt sich hier die Frage, warum der Iran diese günstige Gelegenheit nicht wahrnahm, die Schiiten massiv zu unterstützen und auf diese Weise Vergeltung an Saddam Hussein zu üben. Fürchtete man in Teheran im Falle eines Sieges der Schiiten etwa das Entstehen eines zweiten Gottesstaates? Immerhin hatten Geistliche der Opposition seit Jahren die Machtübernahme im Irak aus dem Exil vorbereitet. Doch die Aktionen beschränkten sich auf die Ausrufung des „Heiligen Krieges" gegen Saddam Hussein durch Ayatollah Hakim in Teheran und den Aufruf an die Kurden, den Aufstand der Schiiten zu unterstützen.

Die Überlegungen der iranischen Machthaber gingen offenbar dahin, an der eben eingetretenen Konstellation der Mächte nicht zu rütteln, um keine massive Reaktion des Westens gegen die noch schwache eigene Position zu provozieren. Sicherlich hatte man in Teheran ebenfalls kein Interesse daran, daß anstelle von Saddam Hussein eine prowestliche Regierung ins Amt käme. Offensichtlich wurden zwischen Teheran und Bagdad Botschaften ausgetauscht. Wie dem auch war, das Abseitsstehen des Iran kam Saddam Hussein zugute. Gleichermaßen trifft dies auf die abwartende Haltung der Alliierten im südlichen Sicherheitsstreifen zu, als zahlreiche, und nicht nur schiitische Oppositionelle in vielen Landesteilen daran gingen, das Regime des Diktators zu beseitigen. Es wäre für die Koalitionsarmee ein leichtes gewesen, die Aufständischen mit Waffen und sonstigem Material zu versorgen, wodurch sich deren Chancen erheblich vergrößert hätten.

Der Aufstand erfaßte fast das gesamte Siedlungsgebiet der Schiiten mit den Städten Kerbala, Hilla, Nadschaf, Al-Kut, Samawa, Amara und Basra. In Basra beseitigten 5.000 Revoltierende die Verwaltung und erschossen etliche Vertreter des Regimes. Doch nun griff Saddam Hussein ein. Er setzte seinen Vetter Ali Hassan al-Majid, später auch „Chemi-Ali" genannt, als Innenminister ein, der mit schärfsten Mitteln gegen die Aufständischen vorging. Am 10. März 1991 waren die Schiiten in Basra besiegt, und die Überlebenden flüchteten in die nahe gelegenen Sümpfe. Das Regime warf die Einheiten der „Republikanischen Garde" mit schwerer Ausrüstung und sonstigen Reserven aus dem Norden in den Kampf, wogegen die schlecht geführten Schiiten nur leichte Waffen besaßen. Innerhalb einer Woche wurde Nadschaf zum Ziel von 35 Scud-Raketen. Die zur gleichen Zeit in Beirut tagenden irakischen Oppositionsgruppen, zu denen viele geflüchtete Offiziere und Amtsträger zählten, waren sich jedoch uneinig und somit unfähig, einen „Marsch auf Bagdad" zu organisieren. Nach harten Kämpfen gewannen die Regierungstruppen im April endgültig die Oberhand.

Nachdem Saddam Hussein im Süden gesiegt hatte, löste er die schweren Verbände heraus, um sie gegen die Volksgruppe der Kurden einzusetzen, die Anfang

März, fast gleichzeitig mit der Revolte der Schiiten, den Aufstand unter Masud Barzani in der Region Kirkuk–Mossul entfacht hatten. Die Kurden hofften auf Hilfe durch Präsident Bush, der sie immerhin zur Revolte ermutigt hatte. Es sei angefügt, daß Saddam Hussein in den vergangenen Jahren eine Arabisierungspolitik im Kurdengebiet mit dem Ziel verfolgt hatte, vor allem die Städte Mossul und Kirkuk von Kurden zu säubern. Dort befanden sich ergiebige Erdölfelder, die Hussein auf keinen Fall preisgeben wollte. Es war ihm damals auch zugute gekommen, daß die Kurden, die insgesamt 22 bis 24 Millionen zählten und sich im wesentlichen auf vier Staaten verteilten, keine einheitliche Führung besaßen und seit langem unter Stammesrivalitäten litten. Der seit 1975 während Machtkampf zwischen Dschalal Talabani und Masud Barzani, dem Sohn des bekannten Mullah Mustafa Barzani, hatte die kurdische Position geschwächt und konnte erst 1988 durch die Gründung einer „Einheitsfront" vorübergehend beigelegt werden.

Das Rückgrat des kurdischen Aufstandes bildeten nun die *Peschmerga*, zu deutsch „Die dem Tod ins Auge Sehenden". Diese agierten gemäß ihrer gewohnten Kleinkriegstaktik und hatten kaum Erfahrung im Gefecht der verbundenen Waffen. Sie verfügten über keine schwere Ausrüstung, waren organisatorisch und logistisch auf den Aufstand schlecht vorbereitet und hatten außerdem die dem irakischen Staatschef verbliebene Kampfkraft unterschätzt. Anfangs konnten die Aufständischen das gesamte Kurdengebiet in Besitz nehmen und auch die Städte gewinnen. Die Stadt Kirkuk, wo das Kommando des I. Korps lag, wurde Mitte März fast vollständig erobert.

Doch Anfang April begann der Gegenangriff der irakischen Armee mit schweren Waffen, und der Gegner konnte rasch zurückgedrängt werden. Die kurdische

Führung rief die USA zur Hilfeleistung auf, indem sie an die Proklamation des US-Präsidenten erinnerte, wonach sich das irakische Volk gegen die Regierung in Bagdad erheben möge. Doch Präsident Bush warnte bloß den Irak, keine Hubschrauber gegen die Bevölkerung einzusetzen. Diese Warnung blieb erwartungsgemäß wirkungslos. Präsident Bush verhielt sich zwiespältig, indem er einerseits an der Souveränität des Irak nicht rüttelte, andererseits die Abdankung Saddam Husseins intendierte und eine „Normalisierung" der Beziehungen verweigerte, solange dieser die Macht innehatte. Ägypten, Syrien und Saudi-Arabien stimmten am 10. April mit US-Außenminister James Baker überein, daß der Irak in den bestehenden Grenzen erhalten werden solle, auch wenn dadurch die Lösung der Kurdenfrage noch schwieriger würde.

Die irakische Armee konnte den Aufstand schnell niederwerfen, worauf eine Massenflucht von rund 2,5 Millionen Menschen in Richtung Norden und Nordosten einsetzte. Eine Million Menschen suchten im Iran und 400.000 in der Türkei Zuflucht. Der Diktator wußte den Vorteil geschickt zu nutzen, daß die USA nicht in den Konflikt eingriffen. Auch die Türkei, die mit ihrem eigenen Kurdenproblem zu kämpfen hatte, war an einer Ausweitung des Konflikts keinesfalls interessiert und versagte den Kurden den Beistand.

Der UN-Sicherheitsrat verurteilte zwar am 5. April 1991 mit aller Schärfe die Maßnahmen gegen die Kurden, ließ aber die Souveränität des Irak unangetastet. In Europa forderten einige Persönlichkeiten, vor allem der deutsche Außenminister Hans-Dietrich Genscher, Saddam Hussein wegen „versuchten Völkermordes" vor ein internationales Gericht zu stellen. Es kam zu Verhandlungen zwischen den Kurdenführern und dem irakischen Präsidenten, der erneut geschickt taktierte, indem er Amnestie für freiwillige Rückkehrer versprach. Man wollte zwar an das Autonomieabkommen vom März 1970 anknüpfen, das nie in Kraft getreten war, doch die Gespräche verliefen im Sande. Saddam Hussein weigerte sich, das wertvolle Erdölgebiet von Kirkuk unter kurdische Verwaltung zu stellen.

Die Aktivität des Westens beschränkte sich auf die Errichtung einer Schutzzone zugunsten der Kurden nördlich des 36. Breitengrades, die Aufstellung einer UN-Friedenstruppe sowie den Bau von Flüchtlingslagern, wobei die Schutzzone auf unbestimmte Zeit von UN-Soldaten besetzt bleiben sollte. In dieser Schutzzone galt ein Flugverbot für den Irak. Außerdem wurde entlang der irakisch-kuwaitischen Grenze gemäß der UN-Resolution 689 eine 15 Kilometer tiefe Pufferzone errichtet. Andererseits erstrebten die Alliierten einen baldigen Abzug ihrer Truppen aus dem Irak.

Die Uneinigkeit der Supermächte zeigte sich wiederum darin, daß die Sowjetunion die Errichtung einer Kurden-Schutzzone ablehnte, und Saddam Hussein konnte erneut seinen Nutzen aus dieser Uneinigkeit ziehen: Er stimmte zwar im Mai der Aufstellung einer UN-Polizeitruppe zu, brauchte aber keine Mithilfe für den Wiederaufbau in dieser Region zu leisten. Nach Beendigung des Konflikts ließ Saddam Hussein zahlreiche Verdächtige unter den Kurden und Schiiten aufgreifen und an ihnen Rache üben, eine Aktion, die erst 2003 nach der Auffindung von Massengräbern im Südirak aufgedeckt wurde. Immerhin konnte Saddam Hussein Ende Juni 1991 die Bilanz ziehen, daß er in diesem „inneren Krieg" gesiegt und seine Macht wiederhergestellt hatte.

* * *

Dem Angriff der USA samt ihren Verbündeten auf den Irak im März 2003 ging eine lange Phase des politischen Schlagabtausches voraus, wobei die einstige Waffenstillstands-Resolution 687 vom 3. April 1991 eine große Rolle spielte. Diese Resolution hatte bestimmt, daß der Irak unter internationaler Kontrolle die Zerstörung beziehungsweise Beseitigung aller chemischen und biologischen Waffen sowie aller ballistischen Raketen mit einer Reichweite von mehr als 150 Kilometern samt den entsprechenden Produktionsanlagen hinnehmen müsse. Darunter fiel auch die Beseitigung von atomwaffenfähigen Substanzen. Obwohl Saddam Hussein diesen Passus akzeptiert hatte, tauchten in der Folge Zweifel auf, ob der Irak alle fraglichen Kampfstoffe, Produktionsstätten und Atomanlagen auch offengelegt habe. Es war Saddam Hussein anscheinend gelungen, einen Teil der Kampfstoffe und der technischen Anlagen an geheime Orte zu verlegen.

Der von Präsident Bush am 30. Mai 1991 vorgelegte Abrüstungsplan sah die Schaffung einer atomwaffenfreien Zone für die Nahostregion sowie das Verbot des Erwerbs und der Erprobung von Mittelstreckenraketen vor. Dieser Plan hatte jedoch eine große Schwäche: Saddam Hussein konnte nämlich darauf pochen, daß er den Atomwaffensperrvertrag von 1970 im Gegensatz zu Israel unterzeichnet hatte, von dem allgemein bekannt war, daß es Kernwaffen besaß und diese nicht beseitigte. Obendrein konnte er darauf pochen, daß Israel Mittelstreckenraketen herstellte und erprobte. Damit war der Abrüstungsplan zum Scheitern verurteilt.

Im Juni und Juli 1991 überwachten Experten im Auftrag der UNO die Vernichtung von chemischen Waffen im Irak. Die dafür eingesetzte Behörde „United Nations Special Commission" (UNSCOM) förderte Indizien für eine Verschleierung von Beständen beziehungsweise zur Wiedererrichtung zerstörter Anlagen zutage. So konnte eine Atomanlage erst nach resoluter amerikanischer Intervention besichtigt werden. Der

Fund großer Mengen chemischer Kampfstoffe und Granaten in der Nähe von Samarra, nördlich von Bagdad, nährte den Verdacht der UNSCOM auf Manipulation seitens des Irak. Die UNO forderte vom Irak mehrmals die Bekanntgabe aller Atomforschungsprojekte, und US-Präsident Bush drohte Saddam Hussein am 2. Juli mit einer militärischen Intervention, wenn dieser weiterhin seine Verschleierungstaktik betreibe. Anfang August entdeckten die Inspektoren große Mengen biologischer Kampfstoffe, und außerdem lagen Indizien für die Fortsetzung der Raketenproduktion vor. Der Vorwurf, daß der Irak die Bedingungen nicht erfüllt und wenig Bereitschaft zur Kooperation mit den UN-Experten gezeigt habe, erhielt immer wieder neue Nahrung und sollte 2003 einen Kriegsgrund gegen den Irak bieten.

Darüber hinaus entstanden weitere Differenzen mit der UNO, da sich der Irak weigerte, Erdöl im Wert von 1,6 Milliarden Dollar unter strenger Aufsicht zu verkaufen, von dessen Erlös Nahrungsmittel und Medikamente erworben werden sollten. Andere Differenzen – Behinderung der Inspektoren, Verweigerung der Auskunft über zurückgehaltene Kriegsgefangene sowie die Unterdrückung von Kurden und Schiiten – waren den USA im Juli 1992 Anlaß für einen Flottenaufmarsch im Persischen Golf. Des weiteren richteten die USA, Großbritannien und Frankreich im August 1992 südlich des 32. Breitengrades eine Flugverbotszone ein, die später auf den 33. Breitengrad vorverlegt wurde, aber letztlich völkerrechtlich umstritten war und ist. Im November 1992 begann der Irak mit der Vernichtung von 500 Tonnen Senfgas, doch weigerte sich der Irak weiterhin von Fall zu Fall, UNSCOM entgegenzukommen.

Israelische Stellen hoben immer wieder die Gefahr der Atomaufrüstung im Mittleren Osten hervor, in

Form etwa einer möglichen Lieferung irakischer Kerntechnologie an andere arabische Staaten. Anlaß zur Sorge gaben – durch das Ende des Kalten Krieges – frei gewordene sowjetische Atomtechniker, die in neue Dienste treten wollten. Bereits Anfang 1992 kritisierten israelische Experten das Atomwaffenprogramm des benachbarten Iran, das scheinbar gute Fortschritte machte. Offensichtlich fürchtete Israel, das weiterhin Rüstungsgüter aus den USA erhielt, um sein atomares Monopol in Nahost, zu dem 200 Atomsprengköpfe zählten. Im übrigen hatte man im israelischen Reaktor Dimona bereits chemische Waffen hergestellt, um gewissermaßen im Falle eines Zweitschlages gegen Angreifer gerüstet zu sein. In der Folge schlossen Israel und die USA Abkommen über Kooperationen auf dem Rüstungssektor und bei der Terrorbekämpfung. So konnte die Regierung unter Benjamin Netanjahu ab Mitte 1999 die damals modernste Version des Jagdbombers beziehungsweise Jägers F 16 im Gesamtwert von 2,5 Milliarden Dollar beschaffen.

Die Konfrontation des Irak mit den USA erfuhr eine weitere Verschärfung, als amerikanische Kriegsschiffe in der Nacht zum 27. Juni 1993 insgesamt 23 Marschflugkörper gegen den Sitz des irakischen Geheimdienstes in Bagdad abfeuerten, von denen 16 das Ziel trafen. Der Angriff wurde als Vergeltung für das angeblich vom irakischen Geheimdienst geplante, aber rechtzeitig aufgedeckte Attentat gegen Ex-Präsident Bush durchgeführt, das während seines Besuches in Kuwait Mitte April 1993 hätte erfolgen sollen. Bushs Nachfolger im US-Päsidentenamt, Bill Clinton, rechtfertigte den Angriff als „Akt der Selbstverteidigung", worin auch eine Warnung an andere Regimes mitschwang, denen man terroristische Absichten unterstellte.

Die Lage spitzte sich weiter zu, als Saddam Hussein am 7. Oktober 1994 drohte, die Zusammenarbeit mit UNSCOM zu beenden, und vier mechanisierte Divisionen mit 700 Kampfpanzern in Richtung der kuwaitischen Grenze in Marsch setzte. Schnelle und wohlkalkulierte Reaktionen, darunter die Landung von 4.000 US-Marinesoldaten und die Mobilmachung der kuwaitischen Armee, machten Saddam den Ernst der Lage klar. Weitere 60.000 Mann erhielten Befehl zur Verlegung in die Golfregion, doch schließlich lenkte Saddam Hussein ein und zog seine Truppen ab dem 12. Oktober wieder zurück. Die USA begrenzten hierauf ihre Truppenstärke in der Golfregion auf 30.000 Mann. Die Flugverbotszone entlang des 32. Breitengrades galt von nun an auch für Heeresverbände. Am 10. November 1994 erkannte der Irak per Gesetz die Souveränität Kuwaits endlich an.

Dieses Manöver führt allerdings vor Augen, auf welche Weise Saddam Hussein versuchte, die Einigkeit und Einsatzbereitschaft seiner Gegner auf die Probe zu stellen. Es entspricht seinem Denken und der arabischen Mentalität überhaupt, sich nicht in die Niederlage zu fügen, sondern Mittel und Wege zu suchen, um einen Wiederaufstieg zu schaffen und damit Macht zu demonstrieren. Diese neu gewonnene Macht sollte nicht zuletzt einem Putsch vorbeugen. Saddam Husseins Manöver bargen allerdings den Nachteil, daß die UNO die Sanktionen gegen den Irak nicht aufhob.

Im April 1995 äußerte UNSCOM den dringenden Verdacht, daß der Irak ein geheimes Programm zur Herstellung biologischer Waffen betreibe, worunter auch Anthrax und Aflatoxin fielen. Nachdem der irakische General Hussein Kamel Al Maschid im August 1995 aus dem Lande geflüchtet war und UNSCOM über diverse Waffenprogramme des Irak informiert hatte, sah sich Saddam Hussein gezwungen, diese Aktivitäten schrittweise offenzulegen. Die Spannungen mit der UNSCOM, die inzwischen Bauteile für Raketen gefunden hatte, setzten sich auch 1996 fort, worauf die UNO am 12. Juni den Irak mittels der Resolution 1060 verurteilte und freien Zugang zu allen Objekten forderte, die man inspizieren wollte. Eine solche bedingungslose Kooperation hatte Hussein bisher umgangen, indem er militärische Liegenschaften, die offenbar als Verstecke dienten, zu Sperrgebieten erklärte. Von zwei Schwiegersöhnen des Diktators, die aus dem Irak geflüchtet waren, erhielt UNSCOM weitere wertvolle Informationen über die Entwicklung biologischer Waffen.

Die Eroberung Erbils im August 1996 machte schließlich deutlich, daß der Diktator darüber hinaus gewillt war, in den Kurdengebieten gewaltsam durchzugreifen. Amerikanische Luftangriffe, die der Vergeltung dienten, brachten jedoch keine Lageänderung.

Im Herbst 1997 kam zu einer weiteren Eskalation. Der Vizepremierminister Tarek Aziz kündigte am 29. Oktober an, daß der Irak keine weiteren Inspektionen zulassen werde, da manche der vermeintlichen Experten in Wahrheit Spionage betrieben hätten. Diese Vorwürfe erwiesen sich als zutreffend und wurden ein Jahr später nochmals erhoben. Die Krise spitzte sich in den nächsten Monaten gefährlich zu, wobei die USA im November Verstärkungen in die Golfregion entsandten, die zwei Flugzeugträger mit zahlreichen Begleitschiffen, 27.000 Mann und 330 Flugzeugen umfaßten.

Es zeigte sich jedoch, daß die ehemalige Solidarität der Koalition bereits weitgehend zerfallen war und daß sogar die ehemals engsten Verbündeten der USA, nämlich Saudi-Arabien und Ägypten, das Vorgehen gegen Saddam Hussein dieses Mal nicht unterstützten. Dies hatte ursächlich mit der überharten Haltung des israelischen Regierungschefs Benjamin Netanjahu, Nachfolger des Ende 1995 ermordeten Jitzchak Rabin, gegenüber den Palästinensern zu tun. Israel stand zu Jahresbeginn 1998 unter schwerem politischen Druck, den besetzten Libanon bedingungslos zu räumen, und sah im Aufmarsch der amerikanischen Kräfte in der Golfregion eine willkommene Ablenkung der Öffentlichkeit. Wie sehr die israelische Führung mit einem Raketenangriff des Irak rechnete, legte die Bitte an Jordanien offen, der israelischen Luftwaffe den Überflug für einen Gegenschlag zu gestatten, und zeigte sich auch in der Verteilung von Schutzmasken an die israelische Bevölkerung.

Nach einem vorübergehenden Einlenken Saddam Husseins erklärte dieser am 5. August 1998 alle Inspektionen für beendet, was zu einer weiteren Verurteilung in Form einer UN-Resolution führte. Der Irak bestätigte am 31. Oktober jedoch den Entschluß, die Kooperation mit UNSCOM abzubrechen, wogegen Mitarbeitern der „Internationalen Atomenergiebehörde" (IAEO) unter Einschränkung gestattet werden würde, die Inspektionen fortzusetzen. In dieser Zeit griff Saddam Hussein gegenber der UNO erneut auf die bisher erfolgreiche Hinhaltetaktik zurück. Anfang November 1998 verließen die UNSCOM-Experten den Irak, und der Abschlußbericht listete sämtliche Verstöße des Irak gegen die einschlägigen UN-Resolutionen auf. Immerhin hatte man bis November 1998 unter Aufsicht von UNSCOM Zehntausende von Bomben, Granaten und Raketen zerstört sowie 400.000 Liter Senfgas und 83.000 Liter Nervengift sichergestellt.

Jetzt meinten die USA und Großbritannien, hinreichende Gründe zu haben, um einen schweren Schlag gegen Saddam Hussein zu führen. Im Zuge der Operation „Wüstenfuchs", die vom 16. bis 19. Dezember

1998 dauerte, flogen insgesamt 254 amerikanische und britische Flugzeuge massive Angriffe gegen Regierungsobjekte, Kommandozentralen und militärische Ziele, darüber hinaus gegen vermutete Raketenbasen und Produktionsstätten von chemischen und biologischen Waffen. Die 5. US-Flotte bot hierzu 24 Schiffe im Persischen Golf auf. Von den ausgewählten 97 Zielen wurden nach amerikanischen Angaben 70 Prozent getroffen. Dennoch hatten Regime und Armee nur geringen Schaden genommen, und die Position Saddam Husseins blieb unerschüttert. Die Absicht von Präsident Clinton, durch das Unternehmen „Wüstenfuchs" einen Umsturz im Irak herbeizuführen, schlug fehl. Eine Folge der Operation war, daß sich der Irak nun über das Flugverbot hinwegsetzte und wieder irakische Flugzeuge in der Verbotszone verkehrten, denn schon seit Jahren hatten die Kampfflugzeuge der Alliierten, die diese Zonen überwachten, oft willkürlich angegriffen und auch Zivilisten getötet. Der UN-Sicherheitsrat zeigte sich in der Frage des weiteren Vorgehens gespalten, wobei vor allem Frankreich für die Aufhebung der Sanktionen aufgrund der Tatsache eintrat, daß mindestens 6.000 Menschen pro Monat an deren Folgen starben.

Zukünftig bemühte sich die amerikanische Regierung wieder, die Nachbarstaaten des Irak auf eine gemeinsame Linie gegen Saddam Hussein zu bringen, um mithilfe der Koalition dessen Umsturz vorzubereiten. Ein solcher Umsturz lag aber nicht im Sinne der Golfstaaten, die einen Zerfall des Irak sogar fürchteten. Diese von außen massiv vorangetriebene Revolution erhielt jedoch im Vorfeld ihre Legitimation über eine neu geschaffene gesetzliche Grundlage und sollte von irakischen Oppositionellen, unterstützt von der CIA, durchgeführt werden, um endlich den Erfolg sicherzustellen. Doch der sogenannte „Irakische Nationalkongreß", eine Organisation, die aus der Revolte von 1991 hervorgegangen war, erwies sich als zu schwach, um eine irakische Untergrundbewegung aufzubauen, die imstande gewesen wäre, Saddam Hussein und seine Helfer zu beseitigen. Diesem Ziel stand auch der Streit zwischen den beiden Kurdenfraktionen im Wege, die von Dschalal Talabani und Masud Barzani geführt wurden, aber kein gemeinsames Vorgehen gegen Saddam Hussein planten. Solcherart konnte keine innerirakische Opposition entstehen, die das Regime ernsthaft hätte bedrohen können.

Die häufigen Luftangriffe der Amerikaner und Briten, die offiziell als Reaktion auf die Verletzung der Flugverbote in den deklarierten Zonen hingestellt wurden, hatten offenbar zum Ziel, die irakische Luftabwehr systematisch niederzukämpfen. Dieser gleichsam unerklärte Krieg hielt die Lage in der Schwebe, ein Zustand, mit dem sich die Nachbarn des Irak zufriedengaben, insofern sie von der Schwäche des Landes profitierten. Anfang 2000 errichtete die UNO eine weitere Kontrollbehörde, die der IAEO unter dem schwedischen Diplomaten Hans Blix unterstellt wurde. Grundsätzlich lehnte der Irak die Tätigkeit dieser Agentur nicht ab, und Saddam Hussein versprach sich davon letztlich eine Aufhebung der Sanktionen, die mittlerweile erbärmliche Zustände im Irak zeitigten und bei immer mehr Staaten auf Ablehnung stießen.

Das Ergebnis dieses jahrelangen Verwirrspiels war zum einen, daß Saddam Husseins Konzessionen der UNSCOM gegenüber sich darauf beschränkten, daß er den Nachweis über chemische und biologische Waffen nicht mehr leugnete beziehungsweise die Kampfmittel nicht mehr verbergen konnte, und zum anderen, daß er es schaffte, sich keinen Druckmitteln des Auslandes zu beugen. Die USA und die UNO gingen vom falschen Kalkül aus, daß das verhängte Embargo, das auf den Zusammenbruch des Regimes hinarbeitete, ausreichen würde, um Saddams Verhüllungspolitik zu Fall zu bringen. Doch dieses Kalkül erwies sich als falsch. Man verkannte auch Saddams Bestreben, alles zu tun, um in den Augen der arabischen Welt nicht als ein Gedemütigter dazustehen, der sich dem Diktat der USA und anderer Staaten unterworfen hat.

Der Diktator bürdete die infolge des Wirtschaftsembargos eingetretenen Entbehrungen der Bevölkerung auf und setzte die Not der Menschen bei Lebensmitteln, Wasser und Medikamenten in den Medien gekonnt in Szene, um an das Mitleid der westlichen Welt zu appellieren. Er festigte seine Macht durch gnadenloses Durchgreifen gegen solche, die er des Verrats verdächtigte, lavierte geschickt zwischen den Positionen im arabischen Lager und bündelte seine Energien in der Frontstellung gegen Israel. Er nutzte geschickt die wachsende Entrüstung arabischer Staaten über die Militärschläge Israels gegen den Libanon und die Palästinenser, wobei ihm zugute kam, daß sich die israelische Seite von einer Lösung des Palästinaproblems immer weiter entfernte. Andererseits hatte er mit seiner Strategie des Geben und Nehmen wenig Erfolg, und er mußte anerkennen, daß man in den USA und Israel seinen Spielregeln nicht folgte: Zu seiner Enttäuschung war seine Bereitschaft, mit der UNSCOM zu kooperieren, nicht mit der Aufhebung des Embargos honoriert worden.

Nach den Terroranschlägen vom 11. September 2001 profilierte sich die amerikanische Regierung als Vorkämpfer gegen Al Kaida, aber auch gegen sogenannte Schurkenstaaten, die im Verdacht standen, Terroristen direkt oder indirekt zu unterstützen. Zu diesen Schurkenstaaten zählten vor allem Nordkorea und der Irak. In der am 17. September 2002 dem Kongreß vorgelegten neuen strategischen Doktrin waren die wesentlichen Bausteine für die Führung eines künftigen Krieges enthalten, wobei die Beibehaltung von Dominanz und präventivem Handeln in Form von *preemptive strikes*, also „Präventivschlägen", eine zentrale Rolle spielte. Zur Zeit des „Kalten Krieges" hatte man darunter einen atomaren Erstschlag verstanden, der einem unmittelbar bevorstehenden und als definitiv erkannten Atomangriff der Gegenseite zuvorkommen sollte. Im Herbst 2002 verwendeten die US-amerikanischen Strategen hingegen diesen Begriff, um ein Handeln zu bezeichnen, das der Abwehr von terroristischer Gefahr und Bedrohung durch Massenvernichtungswaffen dient. Es genüge der bloße Verdacht, daß potentielle Gegner oder Terroristen, die sich in einem bestimmten Land befinden, einen Angriff planen, um präventiv gegen dieses Land militärisch vorzugehen.

Da die genannten Staaten Irak und Nordkorea nachweislich keine Raketen oder Luftstreitkräfte mit einer Reichweite besaßen, die den USA hätte gefährlich werden können, stand die Frage im Raum, worin denn die angeführte Bedrohung bestünde. Nach herkömmlicher, in Europa üblicher Denkungsart müssen zur Begründung eines präventiven Handelns eindeutig offensive Kriegsvorbereitungen derjenigen Seite vorliegen, gegen die sich der Präventivschlag richten soll. Verdachtsmomente allein reichen nicht aus. Die USA hingegen führten als Begründung ins Feld, daß der Irak Massenvernichtungswaffen besitze beziehungsweise solche herstelle. US-Außenminister Colin Powell wollte noch Anfang Februar 2003 dem Sicherheitsrat zwingend darlegen, daß der Irak Beweise für derartige Waffen beseitigt habe und Beziehungen zu terroristischen Gruppen unterhalte. Diese Beweise ist der Minister bis heute schuldig geblieben.

Bewaffnete irakische Soldaten marschierten am 6. Januar 2003 bei einer Parade zum „Tag der irakischen Armee" durch Bagdad. Iraks Präsident Saddam Hussein hatte sein Volk zum Widerstand gegen einen möglichen US-Angriff aufgerufen. In einer Rede versprach der Präsident einen Sieg. Am Ende werde der Feind fallen, so Saddam.

Sehr bald mußte Saddam Hussein erkennen, daß der Irak wahrscheinlich das Ziel eines Präventivschlages werden würde. Der Vorwurf, Massenvernichtungswaffen zu besitzen, lastete schwer auf dem irakischen Staatschef. Im Winter 2002/03 gewährte er auf Forderung der UNO einer Kommission der IAEO Zutritt zu den gewünschten Objekten. Die Mehrheit des Sicherheitsrates sah die Forderung der Resolution 1441 vom 8. November 2002 zumindest teilweise als erfüllt an, da die Inspektoren keine Massenvernichtungswaffen entdeckt hatten. Im Bericht der IAEO vom 14. Februar 2003 wurde zwar festgehalten, daß über viele verbotene Materialien der Nachweis fehle, daß aber der Irak in kurzer Zeit entwaffnet werden könne, falls dieser sich kooperationswillig zeige. Man stellte zwar fest, daß die Kurzstreckenrakete „Al Samud 2" die erlaubte Reichweite um 33 Kilometer überschritt, doch die irakischen Behörden stimmten am 27. Februar deren Vernichtung zu. Demgegenüber verfolgte die US-Regierung eine andere Strategie: Sie stützte sich auf die erwähnte Resolution vom 3. April 1991, und warf dem Irak vor, seit dem damaligen Zeitpunkt die Tätigkeit der Inspektoren behindert und das betroffene Waffenarsenal versteckt zu haben. Mitte Februar forderte die Republikanische Partei im Repräsentantenhaus eine neue Doktrin, die es gestatten würde, sogar Kernwaffen präventiv zur Ausschaltung von Massenvernichtungswaffen einzusetzen.

Der heftige Zwist im Weltsicherheitsrat und die große Skepsis europäischer Staaten an der Legitimität eines Krieges gegen den Irak bestärkten Saddam Hussein in der Hoffnung, daß der Angriff ausbliebe, da die USA wohl keinen Angriff im Alleingang wagen würden. Er setzte auf Zeitgewinn, indem er den Auflagen der Inspektoren zumindest teilweise entsprach, wobei China, Rußland und Frankreich dafür eintraten, den Inspektoren mehr Befugnisse einzuräumen. Die von der Europäischen Union am 17. Feburar 2003 verabschiedete Irak-Erklärung, worin ein Krieg nicht für unvermeidbar gehalten, aber Gewalt nur als letztes Mittel bezeichnet wurde, eröffnete Saddam Hussein noch Chancen. Immerhin plädierte die EU dafür, den Inspektoren mehr Zeit und Mittel zu gewähren. Der europäische Standpunkt war, daß ein militärischer Angriff sehr große Risiken nach sich zöge und daß man, abgesehen von der Verteilung der Kosten, kaum zu einer befriedigenden Nachkriegsordnung kommen werde.

Saddam Hussein erblickte in den konträren Positionen der einzelnen NATO-Staaten – die nicht mit abfälligen Kritiken aneinander sparten – einen weiteren Hemmschuh für die Kriegspolitik der USA. Die US-amerikanische Führung mußte außerdem den Widerstand der Türkei gegen ihre Operationspläne zur Kenntnis nehmen, als das Parlament am 1. März die Stationierung von 62.000 Mann und 255 Kampfflugzeugen auf türkischem Territorium ablehnte. Zur Genugtuung Saddam Husseins erklärten die Außenminister von Deutschland, Frankreich und Rußland am 5. März, daß sie keine UN-Resolution zulassen würden, die die Anwendung von Gewalt autorisiere. Besonders Frankreich drohte mit einem Veto im Sicherheitsrat. Damit blockierten diese drei Staaten einen Resolutionsentwurf der USA, Großbritanniens und Spaniens, der einen Waffengang gegen den Irak würde legitimieren können.

Der nun folgende sprunghafte Wechsel in der Begründung der Angriffsdrohung verstärkte den Eindruck, daß die Regierung Bush einen Alleingang zu vermeiden suchte: Wenn zu Beginn der Vorwurf, Massenvernichtungswaffen zu besitzen, Vorrang hatte, bekundeten die USA schließlich die Absicht, einen Regimewechsel im Irak herbeiführen und den Irak befreien zu wollen – was immer man auch darunter zu verstehen hatte. Hand in Hand sollte damit ein „Feldzug gegen die Terroristen" geführt werden, wie sich Präsident George W. Bush am 13. Februar 2003 ausdrückte. Damit stand für Saddam Hussein nicht nur seine Position, sondern auch seine Existenz auf dem Spiel. Er lehnte es jedoch ab, den Weg ins Exil zu gehen, der ihm von arabischen Persönlich-

keiten vorgeschlagen wurde und den auch Präsident
Bush kurz vor dem US-Angriff auf den Irak ultima-
tiv forderte.

Am 16. März beschlossen Präsident Bush und seine
engsten Verbündeten – die sogenannte *coalition ot the
willings* – anläßlich ihres Treffens auf den Azoren endgültig den Krieg gegen den Irak. Nach den Vorstel-
lungen der US-amerikanischen Regierung sollte der
Irak nach der Beseitigung Saddam Husseins gemäß
dem Modell der 1945 besetzten Länder – Deutschland
und Japan – aufgebaut werden. Doch das Motto „De-
militarisierung und Demokratisierung" legte bereits
den fundamentalen Fehler bloß, den die USA begin-
gen, da sie die arabische Mentalität und die dort herr-
schenden politisch-sozialen Faktoren mißachteten, die
keinerlei Parallelen zur Lage der Besiegten von 1945
aufwiesen. Der zweite gravierende Fehler bestand
darin, daß sich die USA nur militärisch auf den Krieg
vorbereiteten, es aber versäumten, rechtzeitig Maßnahmen für den Aufbau einer Zivilverwaltung nach
einem Sieg zu ergreifen. Dazu hätte der Einsatz von
zahlreichen zivilen Experten unmittelbar nach dem
Einmarsch gezählt, die mit den Verhältnissen im Irak
vertraut waren und möglichst die Sprache beherrsch-
ten.

Die USA boten anfangs gemeinsam mit den Briten
und anderen Kontingenten eine Streitmacht von
248.000 Mann auf, wobei die Heereskräfte vom Kommando der 3. Armee in Kuwait befehligt wurden. Diese Kräfte waren also erheblich schwächer als diejenigen vom Februar 1991. Die Masse der ursprünglich
für den Angriff aus der Südtürkei vorgesehenen Truppen – rund 60.000 Mann – mußte umgeleitet und in
den Persischen Golf verlegt werden, so daß sie erst
Anfang April in Kuwait eintrafen. Vor Angriffsbeginn
standen in Kuwait vier Divisionen und eine Kom-

US-Soldaten an einem Kontrollpunkt vor Falludscha, wo auch nach dem erfolgreichen Feldzug der westlichen Allianz immer wieder Kämpfe mit irakischen Aufständischen entbrennen.

mandobrigade, darunter eine britische Panzerdivision, sowie Teile einer Luftlandedivision in Bereitschaft. 4.000 Mann der Special Forces warteten ebenfalls auf den Einsatz. Des weiteren befanden sich aus den USA zwei Panzerdivisionen und zwei Panzerregimenter in Zuführung, während man zusätzlich eine Gebirgsdivision anforderte. An Kampfflugzeugen standen rund 1.300 zur Verfügung. Die US-Marine setzte fünf Flugzeugträger und zahlreiche Begleitschiffe, die britische Marine einen Flugzeug- und einen Hubschrauberträger ein.

Demgegenüber mobilisierte die irakische Armee, die aus der Niederlage von 1991 gelernt hatte, fünf reguläre Korps mit 17 Divisionen und sieben gepanzerte Divisionen der „Republikanischen Garde" mit knapp 400.000 Mann, während die Reserven rund 600.000 Mann umfaßten. Zwei der fünf Korps blieben im Norden disloziert, um das Gebiet der Kurden zu sichern. Allerdings waren die Luftstreitkräfte im Umfang von rund 300 Kampfflugzeugen aufgrund ihrer technischen Schwächen und des vorangegangenen unerklärten Luftkrieges kaum mehr einsatzbereit. Nur eine Staffel mit sowjetischen MiG 29-Jägern konnte einem Vergleich mit westlichen Typen standhalten. Die Masse der Kräfte wurde nicht in Grenznähe, sondern in der Tiefe des Raumes im städtischen Bereich und im Zweistromland konzentriert, um die gegnerischen Panzerverbände in ein für sie ungünstiges Gelände zu ziehen. Außerdem wurden Straßen und Brücken zur Sprengung vorbereitet, um den feindlichen Vormarsch zu verzögern. Die Strategie des Irak war auf Zeitgewinn und Zermürbung des Gegners ausgerichtet, um auf diese Weise zugleich den Kriegswillen der anderen beteiligten Staaten zu schwächen.

Am 20. März 2003 begann die Operation „Iraqi Freedom" unter der Führung von US-General Tommy Franks, der seinen Gefechtsstand in Katar errichtet hatte. Die Alliierten errangen schlagartig die Luftherrschaft, obwohl der Irak seine Kampfflugzeuge auf entlegene Gebiete verteilt hatte. Die wichtigsten strategischen Ziele wurden gleich zu Beginn der Kampfhandlungen schwer getroffen. Insgesamt flogen die alliierten Kampfflugeinheiten 41.000 Einsätze und warfen 30.000 Bomben ab, wobei sich rund die Hälfte der Angriffe gegen die Einheiten der „Republikanischen Garde" richtete. Die Marine setzte bis Kriegsende 750 Marschflugkörper vom Typ „Tomahawk" ein. Die Gegenwehr bestand vorerst nur aus dem Abschuß von einigen Raketen in Richtung Kuwait. Das Hauptziel der Angreifer war jedoch der Raum Bagdad, der rund 500 Kilometer von der Grenze zu Kuwait entfernt liegt.

In gut koordinierten Boden- und Luftangriffen, unterstützt durch Kommandotruppen, stießen zwei amerikanische Divisionen im Schwergewicht südlich des Euphrat vor, überschritten ihn und stießen am 2. April bis zum Schlüsselgelände bei Kerbala und in den Raum Al-Kut vor. Nach dem Durchbruch durch die dortigen Sperrstellungen vollzog man einen doppelseitigen Angriff auf Bagdad, der am 9. April zur Eroberung der Stadt führte und die Flucht der irakischen Führungsspitze bewirkte. Tikrit, die Heimatstadt Saddam Husseins, fiel am 14. April. So wie im Jahre 1991 wagte die „Republikanische Garde" auch diesmal keine Entscheidungsschlacht. Der Widerstand der Iraker beschränkte sich auf den Gegner hinhaltende Gefechte und Kleinkriegsaktionen, die vor allem auf die Behinderung oder Vernichtung der Versorgung gegnerischer Truppen abzielten. Währenddessen konnten alliierte Luftlande- und Kommandotruppen im Norden gemeinsam mit aufständischen Kurden den Großteil des Landes gewinnen und am 11. April Mossul besetzen.

Mitte April waren nicht nur die irakischen Truppen besiegt, sondern es konnte auch die befürchtete Zerstörung von Ölquellen mit Hilfe von Spezialkräften verhindert werden. Am 14. April appellierte Präsident Bush an die Länder der UNO, die Wirtschaftssanktionen gegen den Irak aufzuheben, und am 1. Mai erklärte er den Krieg für beendet. Die Verluste der Alliierten betrugen 160 Gefallene und Vermißte sowie 495 Verwundete, während auf irakischer Seite ein Vielfaches davon zu verzeichnen war. Die Kriegskosten beliefen sich bei den USA auf 20 Milliarden Dollar, bei den Briten auf drei Milliarden Pfund.

Für Saddam Hussein gab es keinen Fluchtweg mehr. Er hielt sich monatelang versteckt und konnte erst am 14. Dezember 2003 ausfindig gemacht werden, wobei anscheinend eine ausgesetzte Kopfprämie ihre Wirkung tat. Für den bis heute andauernden Untergrundkrieg im Irak kann man ihn nicht mehr verantwortlich machen.

Saddam Hussein verkörperte einen Oberbefehlshaber, der in seinem politischen Kalkül und in seinem Taktieren wesentlich erfolgreicher war als in militärstrategischen Entscheidungen. Er verstand es, die Schwächen seiner Gegner auszunutzen, sich lange Jahre als Garant für die Stabilität in der Golfregion zu profilieren und die Uneinigkeit im arabischen Lager zum eigenen Vorteil zu nutzen.

In seinem Verwirrspiel mit der UNO bewies er über lange Zeit hinweg das Gespür, wie weit man die Geduld anderer Mächte strapazieren kann, ohne mit ihnen in Kriegszustand zu geraten. Sein fataler Fehler bestand letztlich darin, die Möglichkeit des Rückzugs aus der strategischen Gefahrenzone verpaßt zu haben. Er repräsentierte in Person die typisch orientalische Denkungsart, die dem Prinzip des Geben und Nehmen folgt. Auch wenn er letztlich zum Verlierer wurde, bestehen doch Zweifel, ob die USA aus dem Irakkrieg tatsächlich als Sieger hervorgehen werden.

„*Ein kluger Mann*"

Im Gespräch mit Prof. Emil Schlee

Ochsenreiter: *Sechs Abgeordnete des Europäischen Parlaments, darunter auch Sie, besuchten im Herbst 1990, unmittelbar vor dem Ausbruch des Zweiten Golfkrieges, den irakischen Präsidenten Saddam Hussein in Bagdad, um mit ihm über die Freilassung der als „menschliche Schutzschilder" im Irak gefangengehaltenen europäischen Bürger zu verhandeln. Herr Professor Schlee, wie kam es dazu?*

Schlee: Es war eine erlebnisreiche Sache, zu diesen stürmischen Zeiten in Bagdad zu sein und die Möglichkeit zu bekommen, Saddam Hussein einmal persönlich kennenlernen zu dürfen. Hussein versprach mir damals, daß alle deutschen Gefangenen in ihre Heimat würden zurückkehren dürfen – und er hat sein Wort auch gehalten. Allein die Anreise war ein Abenteuer: Wir sind damals zuerst in die jordanische Hauptstadt Amman geflogen. Dort mußten wir mitten in der Nacht verhandeln, was die Weiterreise anging.

Ochsenreiter: *Verhandeln mit wem?*

Schlee: Mit den jordanischen Regierungsstellen sowie dem irakischen Außenministerium. Sie dürfen nicht vergessen, daß zum damaligen Zeitpunkt die Lage höchst angespannt war und alle Zeichen auf Krieg deuteten!

Ochsenreiter: _Doch Sie waren erfolgreich..._

Schlee: Ja! Wir konnten gegen 1 Uhr nachts nach Bagdad weiterfliegen. Dort wurden wir vom stellvertretenden Parlamentspräsidenten des Irak empfangen, der in Uniform erschien. Mit ihm tranken wir unseren ersten Tee auf dem Flughafen von Bagdad. Er stellte uns sofort Limousinen bereit, die uns in eines der größten Hotels Bagdads chauffierten. Die ganze Strecke vom Flughafen bis zum Hotel war bereits von Militärposten gesäumt. Damals war die gesamte Weltpresse in der irakischen Hauptstadt versammelt, da man jederzeit den Ausbruch des bewaffneten Konflikts erwartete. Das war alles in der Nacht von Sonntag auf Montag.

Ochsenreiter: _Was brachte der nächste Tag für Sie?_

Schlee: Gleich am Montag hatten wir unser Gespräch mit dem irakischen Staatspräsidenten! Alle, vor allem die Journalisten, die teilweise seit Wochen auf einen Gesprächstermin mit irakischen Regierungsstellen warteten, haben sich über unsere bevorzugte Behandlung sehr gewundert.

Ochsenreiter: _Worum ging es bei Ihrem Gespräch mit Saddam Hussein genau?_

Schlee: In Vorbereitung auf den bevorstehenden Konflikt nahm die irakische Regierung Europäer, die sich

im Irak aufhielten, gefangen und setzte diese als sogenannte „menschliche Schutzschilde" ein.

Ochsenreiter: *Was hat man genau darunter zu verstehen?*

Schlee: Diese Geiseln wurden an besonders wichtige
militärische oder zivile Orte, beispielsweise Kern-
kraftwerke, gebracht. Durch ihre Anwesenheit dort
hätte ein Land, das einen Angriff auf ein solches Ziel
durchführt, auch bewußt den Tod von Europäern in
Kauf nehmen müssen. Somit dienten diese europäischen Geiseln als Schutzschilde.

Ochsenreiter: *Wie viele Deutsche waren darunter?*

Schlee: Bereits einige Wochen vor unserem Besuch
war Willy Brandt im Irak in einer ähnlichen Mission
gewesen. Ihm war damals bereits die Befreiung von
etwa 200 Geiseln gelungen. Als wir in den Irak kamen,
galt die Mission den dort gefangengehaltenen britischen Staatsbürgern. Sie dürfen nicht vergessen, daß
die Briten als besonders loyale Partner der USA im
Irak ein wichtiges Faustpfand waren. Aber ich konnte
außerdem acht Deutsche mit nach Hause bringen,
darunter auch „DDR"-Bürger.

Ochsenreiter: *Können Sie beschreiben, wie Ihre Begegnung mit Saddam Hussein verlief?*

Schlee: Jeder von uns bekam einige Minuten Zeit, um
mit ihm zu sprechen. Ich sehe ihn noch vor mir, wie er
mich in dem Audienzraum mit den großen Plüschso-
fas empfing. Mit ihm waren dort auch einige hohe Regierungsvertreter des Irak versammelt.

Ochsenreiter: *Was sagten Sie zu Hussein?*

Schlee: Ich stellte mich ihm als Vertreter der Deutschen vor und sagte zu ihm: „Herr Präsident, ich komme nicht zu Ihnen, um Geiseln zu befreien, ich bin vielmehr in Ihr Land gekommen, um *Sie* von Geiseln zu befreien!"

Ochsenreiter: *In den europäischen Medien wurde und wird der ehemalige irakische Staatspräsident oftmals als unbeherrschter Despot dargestellt. Wie reagierte er auf Ihre sicherlich gewagte Begrüßung?*

Schlee: Er schaute mich erstaunt an, und dann ergab sich eine freundliche Gesprächsatmosphäre ohne jede Spur von Aggression.

Ochsenreiter: *Wie lange saßen Sie dem damals in den Medien zum „gefährlichsten Diktator der Welt" hochstilisierten Mann gegenüber?*

Schlee: Etwa fünfzehn Minuten. Und alles verlief in einer sehr ruhigen, sachlichen Form.

Ochsenreiter: *Wo befand sich dieser Audienzraum?*

Schlee: Der war in einem der vielen Paläste Bagdads. Es war ein pompöser Bau mit vielen verwinkelten Flurgängen. Alles deutete auf den bevorstehenden Waffengang hin: Überall standen bewaffnete Kräfte, auch in den Palästen waren irakische Sicherheitskräfte mit leichten Waffen postiert.

Ochsenreiter: *Welchen Eindruck hatten Sie von Hussein während und nach Ihrem Gespräch?*

Schlee: Er machte einen sehr ruhigen, geradezu gelassenen Eindruck auf mich und meine mitgereisten

Der Abgeordnete des Europaparlaments Prof. Emil Schlee (links) traf den irakischen Präsidenten Saddam Hussein in Bagdad am Vorabend des Zweiten Golfkrieges.

Kollegen. Er war sehr gut informiert und stellte gezielt Fragen. Er wirkte zu jedem Zeitpunkt des Gesprächs völlig souverän. Ich habe Saddam Hussein als einen sehr klugen Mann in Erinnerung.

Ochsenreiter: *Was für Fragen hat er Ihnen gestellt?*

Schlee: Er wollte vor allem unsere Motivation erforschen, weshalb wir den weiten und nicht unkomplizierten Weg nach Bagdad in diesen stürmischen Zeiten auf uns nahmen. Unsere Antwort war klar: Wir kamen nicht als Abgesandte der europäischen Regierungen, nicht als Ankläger, sondern als gewählte Repräsentanten unserer Völker zu ihm, Saddam Hussein, und zwar als Freunde des irakischen Volkes. Politik mit Geiseln erweist sich vor allem für denjenigen als Geisel, der diese anwendet. Wir kamen, um Saddam zu helfen, nicht um ihn anzuprangern. Außerdem konfrontierte ich ihn auch mit den Schicksalen der Europäer, die er als „Schutzschilde" einsetzte. Saddam Hussein hörte mir sehr genau zu und wirkte beeindruckt!

Ochsenreiter: *Können Sie ein Beispiel nennen?*

Schlee: Einer der deutschen Gefangenen nahm eine Urlaubsvertretung für einen Kollegen wahr, der für die Firma Siemens im Irak arbeitete. Er war erst jung verheiratet, und seiner Familie ging es seit seiner Verschleppung durch die irakischen Sicherheitskräfte sehr schlecht. Vor allem die Ungewißheit, wann und ob er denn jemals zurückkäme, wann seine Ehefrau ihn wiedersehen könnte, belastete alle Beteiligten stark. Für diesen jungen Mann konnte ich aushandeln, daß er von dem Ort, an dem er festgehalten wurde, unverzüglich nach Bagdad gebracht wurde, wo er auf den Abflug der Maschine mit den anderen befreiten Geiseln warten konnte.

Ochsenreiter: *Sind Sie sich eigentlich sicher, daß Sie Saddam Hussein gegenübersaßen und nicht einem seiner vielen Doppelgänger?*

Schlee: Die Behauptung von den vielen Doppelgängern scheint mir ins Reich der Propaganda zu gehören. Es ist ziemlich unwahrscheinlich, daß solche Doppelgänger außer der Ähnlichkeit auch die persönliche Ausstrahlung, die sachliche Kompetenz und schließlich auch noch die Entscheidungsbefugnis Saddam Husseins besessen hätten. Für mich tat das damals nichts zur Sache, denn einzig und allein das Ergebnis zählte.

Ochsenreiter: *Sie haben auch Husseins damaligen Stellvertreter Tarek Aziz in Bagdad getroffen…*

Schlee: Die eigentlichen Verhandlungen führte ich mit Aziz, mit dem ich gleich mehrfach zusammentraf, um die Rückkehr der Gefangenen zu organisieren.

Ochsenreiter: *…der als sehr deutschfreundlich galt.*

Schlee: Ja, das stimmt. Wir unterhielten uns auch ein wenig auf deutsch, aber hauptsächlich auf englisch. Mit ihm arbeitete ich hervorragend zusammen.

Ochsenreiter: *Sie hatten aber auch noch Gelegenheit, sich Bagdad am Vorabend des Krieges anzusehen. Was ist Ihnen besonders in Erinnerung geblieben?*

Schlee: Ich war beispielsweise im „Saddam-Hussein-Museum", welches es heute bestimmt nicht mehr gibt. Dort wurde sein Leben anhand von Dokumenten, Fotos, Filmen und vielen anderen, teils sehr persönlichen Exponaten dargestellt. Dort war unter anderem auch der höchste Orden der „DDR" ausgestellt, der Saddam Hussein verliehen worden war, was mich damals sehr überraschte.

Ochsenreiter: *Lernten Sie während Ihres Aufenthaltes in Bagdad eigentlich auch den „einfachen Mann von der Straße" kennen?*

Schlee: Aber natürlich. Überhaupt muß ich sagen, daß die Iraker, die ich kennenlernte, unabhängig von Stellung und Beruf, vom Schuhputzer bis zum Präsidenten, höflich und gastfreundlich waren. Ich erinnere mich auch noch an meinen irakischen Chauffeur, einen jungen Mann, der mich mit erlaubter Mißachtung sämtlicher Verkehrsregeln schnell und sicher an jeden Ort brachte. Lachend bot er mir an, mich auch in Deutschland fahren zu wollen. An einem Abend waren meine Begleiter und ich zu einem Bankett mit Abgeordneten des irakischen Parlaments in einem großen Hotel am Tigris eingeladen und hatten dabei interessante Gespräche.

Ochsenreiter: *Gab es da Berührungsängste?*

Schlee: Nicht im geringsten! Man muß dazu wissen, daß den Irakern Geschichte sehr wichtig ist. Vor allem wir Deutschen hatten – damals zumindest – einen hervorragenden Ruf in Bagdad. So erinnert man sich dort heute noch sehr lebendig daran, daß der deutsche Kaiser Wilhelm II. sich engagiert für den Bau der Bagdad-Bahn eingesetzt hat.

Ochsenreiter: *Hatten Sie eigentlich Unterstützung aus der Bundesrepublik Deutschland auf Ihrer heiklen Mission? Wie verlief der Kontakt mit der deutschen Botschaft in Bagdad?*

Schlee: Die deutsche Botschaft war zu diesem Zeitpunkt bereits vollständig isoliert. Es gab keine diplomatischen Kontakte mehr zwischen der Bundesrepublik Deutschland und dem Irak. Dort war außerdem nur noch eine Notbesetzung vor Ort. Selbst der Botschafter war bereits in Erwartung des US-Militärschlages in die Bundesrepublik abgereist, nur noch sein Stellvertreter war dort und stand auch mir als Gesprächspartner zur Verfügung. Er hatte eine Liste der Deutschen im Irak zur Hand.

Der stellvertretende irakische Ministerpräsident Tarek Aziz war einer der ältesten Weggefährten Saddam Husseins. Mit ihm organisierte Prof. Emil Schlee die Rückkehr der Geiseln.

Ochsenreiter: *In welcher Verfassung waren die von Ihnen befreiten Geiseln?*

Schlee: In einer sehr guten. Ihre Stimmung war allerdings sehr spannungsgeladen. Viele glaubten erst wirklich, daß sie freikommen, als unsere Maschine endlich vom Flughafen Bagdad abhob. Die Passagiere jubelten und waren sehr erleichtert – wir Parlamentarier übrigens auch!

Ochsenreiter: *Eine Mission, von der damals kaum jemand in Europa erfahren hat. Wieso eigentlich nicht?*

Schlee: Das war das Ergebnis eines Kunstgriffes des damaligen französischen Staatspräsidenten François Mitterand. Er konnte verhindern, daß die Maschine mit den befreiten Geiseln in Straßburg landen durfte, was uns ein großes Medienecho beschieden hätte. Sie mußte statt dessen kurzfristig in die Schweiz ausweichen und dort landen – fernab jedweder öffentlichen Aufmerksamkeit.

Ochsenreiter: *Wieso verhinderte Mitterand die Landung? War er nicht genauso wie Sie erleichtert über die Befreiung der Gefangenen?*

Schlee: Mitterand befürchtete einen triumphalen Empfang für seinen innenpolitischen Konkurrenten, den Chef des „Front National" und Europa-Abgeordneten Jean-Marie Le Pen, der unsere Mission anführte. Mitterand wollte um jeden Preis positive Schlagzeilen über Le Pen verhindern, selbst wenn es um die Geiseln ging.

Ochsenreiter: *Wie ging es in der Schweiz dann weiter?*

Schlee: In Basel, wo wir landeten, mußte alles schnell organisiert werden. Die Behörden dort waren ja auf nichts vorbereitet, und es mußte viel improvisiert werden. Zehn Tische – einer für jede Nation, aus der ein Befreiter stammte – wurden aufgestellt, um die Geiseln zu empfangen. Allerdings waren auch die anderen Begleitumstände ziemlich chaotisch. Während die italienische Regierung ein Flugzeug für die befreiten italienischen Geiseln zur Verfügung stellte, konnte ich den Deutschen – darunter damals auch einige „DDR"-Bürger –, nur Zugfahrkarten und Plätze in hektisch bereitgestellten VW-Bussen der bundesdeutschen Polizei besorgen.

Ochsenreiter: *Die Presse spekulierte damals, wieviel man wohl Saddam Hussein dafür bezahlt habe, damit er die restlichen Geiseln freiließ.*

Schlee: Das kann ich Ihnen sagen: Wir konnten sie alle unbeschadet und ohne jede Gegenleistung mitnehmen. Von Zahlungen der damaligen bundesdeutschen Regierung ist mir nichts bekannt.

Ochsenreiter: *Herr Professor Schlee, ich danke Ihnen für das Gespräch.*

„Saddam Hussein war Hitler"

Von Manuel Ochsenreiter

Propaganda gibt es, seit es Menschen gibt. Es war der deutsche Reichskanzler Otto von Bismarck, der einst feststellte, daß nirgends so viel gelogen wird, wie „vor der Wahl, während des Krieges und nach der Jagd". Was hat das nun mit Saddam Hussein zu tun? Vielleicht ist es ausgerechnet dem ehemaligen irakischen Präsidenten zu verdanken, daß man der modernen Propaganda einen Quantensprung in Arbeitsqualität und -quantität zusprechen muß.

Dabei wurde das propagandistische Feuerwerk, welches in den vergangenen 15 Jahren gegen Saddam Hussein entfacht wurde und heute noch im „Krieg gegen den Terror" weiterbrennt, schon lange theoretisch vorbereitet – natürlich in den USA. Es ist der 1995 in Wien im Alter von 103 Jahren verstorbene US-Amerikaner Edward L. Bernays, der als „Vater der Public Relations" (PR) gilt. Bereits im Jahre 1928 erschien sein Buch, das auch heute noch als Standardwerk der modernen PR gilt, bezeichnenderweise trägt es den Titel *Propaganda*. Für Bernays stellt die Manipulation einen ganz normalen Bestandteil der

PR dar: „Die bewußte und intelligente Manipulation der organisierten Gewohnheiten und Meinungen der Massen ist ein wichtiges Element in der demokratischen Gesellschaft. Wer die ungesehenen Gesellschaftsmechanismen manipuliert, bildet eine unsichtbare Regierung, welche die wahre Herrschermacht unseres Landes ist. Wir werden regiert, unser Verstand geformt, unsere Geschmäcker gebildet, unsere Ideen größtenteils von Männern suggeriert, von denen wir nie gehört haben. Dies ist ein logisches Ergebnis der Art, wie unsere demokratische Gesellschaft organisiert ist."

Manipulation gehört also zum Geschäft und ist auch ein legitimes Mittel einer jeden demokratischen Regierung. Die US-Verteidigungspolitik kommt längst nicht mehr ohne die Kniffe der PR-Strategen aus, viel wurde aus vergangenen Fehlern gelernt. Zuzeiten der Konflikte vor dem Zweiten Golfkrieg, in die die USA involviert waren, war die Pressearbeit des bis dahin siegesverwöhnten US-Militärs noch nicht besonders entwickelt. Daß es daraufhin neben Europa auch in den USA eine breite, regierungskritische Antikriegsbewegung gab, führen PR-Strategen nicht zuletzt auf die mangelhafte beziehungsweise kaum vorhandene Öffentlichkeitsarbeit der Regierung zurück.

Bis zum Ausbruch des Zweiten Golfkrieges hatte man jedoch im Pentagon viel dazugelernt. Schon vor Ausbruch des Krieges hatte die Organisation „Citizens for a Free Kuwait" – die „Bürger für ein freies Kuwait" – 1990 die US-amerikanische PR-Agentur „Hill and Knowlton" engagiert, um der Notwendigkeit einer militärischen Befreiung Kuwaits in der Öffentlichkeit Nachdruck zu verleihen. Die Organisation wurde damals von der kuwaitischen Regierung finanziert – einer absolutistischen Monarchie, der sonst der Begriff „Freiheit" schwer über die Lippen ging.

„Hill and Knowlton" organisierte es, daß ein fünf-
zehnjähriges kuwaitisches Mädchen, die Krankenschwester „Nayirah", am 10. Oktober 1990 vor dem
Menschenrechtsausschuß der Vereinten Nationen in
einer öffentlichen Anhörung darüber berichten konnte, wie irakische Besatzer in Kuwait angeblich mit Ge-
wehren in Krankenhäuser eingedrungen wären und
Säuglinge aus den Brutkästen geholt und auf den Boden geschmissen hätten. Die Aussage „Nayirahs"
wurde gefilmt und dann den internationalen Sende-
anstalten zur Verfügung gestellt. International sorgten die Schilderungen des Mädchens für Entsetzen.
Zudem gelang es „Hill and Knowlton", während der
Sitzung des Sicherheitsrats der UN am 27. November
1990, Bilder von angeblich gefolterten Kuwaitis zu
präsentieren und fingierte Zeugen aussagen zu lassen. Zwei Tage später bereits setzte der UN-Sicherheitsrat dem Irak ein Ultimatum für den Rückzug aus
Kuwait.

Auch die einflußreiche Menschenrechtsorganisation
„Amnesty International" übernahm ebenso wie der
Großteil der Medien diese Geschichten ungeprüft. Präsident George Bush berief sich in seiner Argumentation auf diese Geschichte, die Medien wiederholten sie
ständig. Am 16. Januar 1991 begann die Bombardie-
rung Bagdads um 3 Uhr morgens nach irakischer Zeit
und 19 Uhr in Washington, also zur besten Sendezeit.
Wenig später stellte sich heraus, daß „Nayirah" in
Wirklichkeit die Tochter des kuwaitischen Botschafters
Saud Nasir al-Saba in Washington war. Doch da war
bereits alles zu spät, der Krieg hatte begonnen.

Welchen Einfluß hatte die Brutkasten-Geschichte auf
den Verlauf der Ereignisse? Als der US-Senat am
12. Januar 1991 mit einer äußerst knappen Mehrheit
die Kriegsresolution der Bush-Regierung befürwortete, gaben sechs Senatoren an, die Brutkasten-Ge-

schichte sei der ausschlaggebende Faktor für ihre Entscheidung gewesen, einem Krieg zuzustimmen.

Auch der Krieg selbst wurde als Medienspektakel inszeniert, nichts wurde seitens des US-Militärs dem Zufall überlassen. Nur einer kleinen Anzahl besonders ausgewählter Journalisten war es überhaupt erlaubt, vor Ort zu recherchieren, die recherchierten Informationen wurden in sogenannten *information pools* mit den Medien weltweit geteilt. Neben der Illusion eines sauberen Krieges, der damit fast videospielartig in die weltweiten Wohnzimmer gesendet wurde, war man auch darauf bedacht, den US-Einmarsch weiter moralisch zu legitimieren. Elihu Katz, Gründungsdirektor des israelischen Fernsehens und emeritierter Professor für Soziologie und Kommunikation an der Universität von Jerusalem, formulierte das so: „Der Irak war das faschistische Deutschland mit seinem Völkermord an den eigenen Minderheiten. Saddam Hussein war Hitler, Personifizierung alles Bösen." In der Bundesrepublik flankierte die Springer-Presse diesen Kurs mit fortdauernden Hitler-Hussein-Vergleichen, die ihre Wirkung nicht verfehlten.

Auch nach dem Ende des Zweiten Golfkrieges, der nicht mit dem Sturz Saddams endete, war dieser propagandistische Kurs beibehalten worden. Allerdings gab es in Vorbereitung auf den Dritten und für Saddam Hussein letzten Golfkrieg entscheidende Änderungen. Eine neue Einflußkommunikation, die sogenannte *public diplomacy*, wurde entworfen; darunter kann man eine Mischung aus Propaganda, politischem Marketing und Kulturdiplomatie sehen.

Hierfür heuerte man Profis aus der Werbeindustrie an. Im Oktober des Jahres 2001, also unmittelbar nach den Anschlägen des 11. September, wurde Charlotte Beers Staatssekretärin für den Bereich *Public Diplomacy/Public Affairs* – mit einem Jahresetat von 1,14 Milliarden US-Dollar – im Weißen Haus. Beers war zuvor Produktmanagerin bei „Uncle Ben's Rice" und danach Vorstandsvorsitzende der international tätigen Werbeagentur „J. Walther Thompson", wo sie sich vor allem um das *Agenda Setting*, also das Setzen von Themenschwerpunkten in den Medien, und um sogenannte „internationale Strategien" kümmerte. Sie initiierte bereits vor dem Einmarsch in den Irak 2003 eine 15 Millionen Dollar teure Kampagne mit dem Titel „Gemeinsame Werte". Kernstück dieser Kampagne war die Broschüre „Irak: von der Angst zur Freiheit".

Mit großangelegten langfristigen Maßnahmen wie zum Beispiel dem Mammutprojekt „Free Muslim World", mit dem die 500 Millionen Muslime zwischen Marokko und den Philippinen mit Fernseh- und Radioprogrammen „versorgt" werden sollen, unterstützt das Pentagon seither auch die Film- und Fernsehindustrie. Zum ehrgeizigen „Free Muslim World"-Projekt gehört auch „Radio Free Afghanistan", welches – vom US-Verteidigungsministerium im Jahr 2002 mit 19,2 Millionen Dollar finanziert – bereits am 30. Januar 2001 auf Sendung ging.

Auch die sogenannte „schwarze Propaganda", also die Verbreitung von Falschnachrichten wie der Brutkasten-Geschichte, spielte bei den Überlegungen des Pentagon eine immer größere Rolle.

Die in Washington und London ansässige PR-Agentur „Rendon Group" wurde im Oktober 2001, also ebenfalls unmittelbar nach den Anschlägen des 11. September, von der US-Regierung unter Vertrag genommen. Dieses Unternehmen lancierte Geschichten über Saddam Husseins Privatleben, die den irakischen Präsidenten als einen besonders brutalen und gefährlichen Despoten erscheinen ließen.

Der irakische Diktator eignete sich besonders gut als Projektionsfläche für Ängste der US-amerikanischen

Foto: dpa

Mit Propaganda und Greuelmärchen trieben sie die USA in den Krieg gegen den Irak: Ex-Verteidigungsminister Donald Rumsfeld, US-Präsident George W. Bush und Vizepräsident Dick Cheney, letzterer inzwischen als großer Kriegsgewinnler entlarvt. Cheney war von 1995 bis 2000 Vorstandsvorsitzender des US-Konzerns Halliburton. Das Unternehmen bekam für den Irak ohne öffentliche Ausschreibung Exklusivverträge von der US-Regierung zugesprochen.

Bevölkerung, die die US-Propaganda gezielt ansprach. Und so verdächtigte der US-Auslandsgeheimdienst der CIA Saddam Hussein bereits am 11. September 2001 medienwirksam als Hauptschuldigen der Anschläge. Die Verknüpfung zwischen Saddam Hussein und dem internationalen Terrorismus war somit für jedermann hergestellt.

Ein weiteres Motiv für den Angriffskrieg gegen den Irak und den Sturz Husseins war der vermeintliche Besitz von Massenvernichtungswaffen. „Es besteht kein Zweifel, daß Saddam Hussein heute Massenvernichtungsmittel besitzt, es besteht kein Zweifel, daß er sie hortet für den Einsatz gegen unsere Freunde, gegen unsere Verbündeten, gegen uns", verkündete im Jahr 2002 der US-Vizepräsident Dick Cheney. Diese Aussage wurde in verschiedenen Versionen in den Medien wiederholt, obwohl es keine Beweise dafür gab. Der Verdacht, Hussein habe in Niger Uran gekauft, erwies sich schon bald darauf als unbegründet. Trotzdem erklärte Bush noch im März 2003: „Nachrichtendienstliche Erkenntnisse unserer und anderer Regierungen lassen keinen Zweifel, daß das irakische Regime einige der tödlichsten Waffen besitzt und versteckt."

Diese Propaganda hatte vor allem die US-amerikanische Bevölkerung im Visier und verfehlte ihre Wirkung nicht. Im Januar 2003, zwei Monate vor dem US-Überfall auf den Irak, waren in einer Umfrage des CNN 53 Prozent der US-Bürger für einen Krieg, sofern es handfeste Beweise durch die UN-Inspektoren gäbe, 23 Prozent waren für einen amerikanischen Alleingang und nur neun Prozent prinzipiell gegen einen Waffengang gegen den Irak.

Die drei wichtigsten Gründe für die US-Bürger, einem Krieg gegen Hussein zuzustimmen, waren die der Realität nicht entsprechende Vorstellung, er stehe in Verbindung mit den Terroranschlägen des 11. September

2001, der Verdacht der Existenz von Massenvernichtungswaffen im Irak sowie die Ansicht, die Politiker in aller Welt würden das Vorgehen der USA in der Irak-Frage unterstützen. Letzteres kam vor allem dadurch zustande, daß in den USA über die großen europäischen Antikriegsdemonstrationen kaum oder gar nicht berichtet wurde.

Das Trommelfeuer der Desinformation tat seine Wirkung: Noch Anfang 2003 glaubten 68 Prozent der US-Amerikaner, daß der Irak eine führende Rolle bei den Anschlägen auf das New Yorker Welthandelszentrum gespielt hätte, 13 Prozent meinten sogar, daß „unwiderlegbare Beweise" hierfür existierten. Und im August 2003 äußerten sogar 69 Prozent der Befragten einer Umfrage der *Washington Post*, daß ihrer Ansicht nach Saddam Hussein an den Anschlägen „persönlich beteiligt" gewesen sein solle. Im September 2003 glaubte noch immer die Hälfte der Amerikaner, daß im Irak Beweise gefunden worden seien, die Verbindungen von Saddam Hussein zur Terrororganisation Al Kaida offenlegen würden.

Auch in der Frage der Massenvernichtungswaffen entfalteten die Kampagnen des Weißen Hauses ihre Wirkung und schossen sogar weit über das Ziel hinaus: So glaubten in Umfragen zwischen Mai und September 2003 35 Prozent der US-Amerikaner, daß im Irak Massenvernichtungswaffen gefunden worden seien, 22 Prozent waren sich sicher, daß der Irak diese sogar auch schon eingesetzt hätte.

Wie nachhaltig und zäh diese Kampagnen wirkten, zeigt sich vor allem daran, daß der Militärgeheimdienst der USA, die „Defence Intelligence Agency" (DIA), bereits im Juni gemeldet hatte, daß es keine Hinweise oder gar Beweise für den Besitz von chemischen, biologischen oder gar atomaren Waffen im Irak gebe.

Wie sehr auch bereits US-amerikanische Kriegs-Journalisten den manipulativen Charakter der Berichterstattung verinnerlicht haben, zeigt nicht zuletzt das Beispiel des Pressefotographen Brian Walski, der für die *Los Angeles Times* im Irak unterwegs gewesen war. Er hatte am 30. März 2003 aus dem Irak ein Foto geschickt, auf dem ein britischer Soldat an der Brücke über den Al-Zubayr-Kanal in der Nähe von Basra zu sehen ist. Der Brite habe, so Walski, irakischen Zivilisten, die sich am Kontrollpunkt befanden, mit der Hand ein Zeichen gegeben, in Deckung zu gehen, damit sie sich vor dem Beschuß des irakischen Militärs schützen. Das dramatische Bild weckte schnell Argwohn bei Walskis Kollegen, prompt wurde aufgedeckt, daß das Bild eine Montage aus zwei Fotos ist, denn einige der Zivilisten tauchen gleich doppelt auf den Fotos auf. Auf telefonische Nachfrage räumte Walski ein, die Bilder neu „komponiert" zu haben, damit die Szene noch dramatischer erscheine.

Bereits am 1. April 2003 wurde Walski von der *Los Angeles Times* wegen der Bildfälschung fristlos entlassen, im Editorial des Blattes entschuldigte sich der Chefredakteur für diese Irreführung bei den Lesern – ein einmaliger Vorgang. Keiner weiß, wie viele der Bilder von dem „Krieg gegen den Terror", die tagtäglich in den Medien gedruckt und ausgestrahlt werden, wirklich authentisch sind.

Vor allem das Feindbild Saddam Hussein wurde von den Medien gehegt und gepflegt. Er sei gefährlich, listig und verlogen, er sei die Hauptursache für die Konflikte des Nahen Ostens und spiele die internationale Staatengemeinschaft gegeneinander aus. Als der Irak im September 2002 einlenkt und UN-Inspektoren ins Land läßt, suggerieren US-Politiker, es handle sich dabei um einen Trick. „Saddam täuscht, verzögert und leugnet", erklärten die USA vor dem UN-Sicherheitsrat.

Das von der Los Angeles Times veröffentlichte Foto (oben) und die beiden Fotos, aus denen das Pressebild „komponiert" wurde.

Die Stilisierung des sicherlich nicht zimperlichen Diktators Saddam Hussein zum brutalen, unberechenbaren Weltfeind tat vor allem in der US-Gesellschaft ihr übriges. Dick Cheney erwies sich als ein Meister im Spiel mit den Ängsten der US-Bürger: „Eindämmung ist nicht möglich, wenn Diktatoren Massenvernichtungsmittel erwerben und bereit sind, diese mit Terroristen zu teilen, die beabsichtigen, den Vereinigten Staaten katastrophale Verluste zuzufügen", sagte Cheney im September 2002 und brachte die Massen damals dazu, sich in sogenannten *Survival*-Geschäften mit Produkten für den Katastrophenfall einzudecken. Die Händler von Gasmasken und Schutzanzügen machten damals das Geschäft ihres Lebens.

Saddam Hussein wurde besiegt und hingerichtet. Selbst in den Vollzug und die mediale Darstellung des Prozesses ließ man die Greuelpropaganda einfließen: Neben der Benennung der Untaten, die er tatsächlich begangen hatte, war man bemüht, ihn bis zum Schluß als entmenschlichtes Monster darzustellen. So wurden Berichte laut, Hussein habe in einem seiner Paläste einen gigantischen „Menschen-Häcksler" besessen. Regimegegner seien nach ihrer Tötung eingefroren und dann zu Fischfutter gehäckselt worden, das anschließend in den Euphrat geworfen worden sei.

Obwohl die meisten der Propagandageschichten mittlerweile oft sogar durch US-Journalisten nachrecherchiert und berichtigt wurden, finden diese immer noch mediale Verbreitung. In der jüngst erschienenen Saddam-Biographie des britischen Nahost-Experten und Journalisten Con Coughlin *Saddam Hussein – Porträt eines Diktators* wird nun erneut die These der Verstrickung Husseins mit Al Kaida bemüht: „Daß Saddam bei den Anschlägen vom 11. September seine Finger im Spiel gehabt haben könnte, überrascht am wenigsten jene Experten, die sich mit der Verstrickung des irakischen Diktators in den internationalen Terrorismus seit den frühen siebziger Jahren beschäftigen. … Eine nähere Verbindung zwischen Saddam und Bin Laden ergab sich aus terroristischen Aktivitäten im Sudan, wo schon Mitte der neunziger Jahre mehrere Ausbildungscamps existierten."

Und natürlich müssen auch wieder die Nationalsozialisten herhalten: „In vielerlei Hinsicht hatten die ‚Saddameen' [Spitzname für Saddam Husseins Leibgarde] Gemeinsamkeiten mit Nazi-Braunhemden, in jedem Fall teilten sie deren Haß auf Kommunisten und andere Linke."

Mit Saddams Tod am Strang ist nun der Regierungschef des Nachbarlandes Iran in das Visier US-amerikanischer PR-Profis gerückt. Mahmut Ahmadinedschad ist nun der internationale *Bad Boy Number One*. Und wieder ist die Rede von – diesmal nuklearen – Massenvernichtungswaffen. Der Informationskrieg ist längst wieder im Gange. Man wußte es schon immer: Geschichte wiederholt sich.

Von Nürnberg nach Bagdad

Von Richard Lobsien

Genau 60 Jahre nachdem am 18. Oktober 1945 der Prozeß gegen Repräsentanten und Eliten des Dritten Reiches vor dem Internationalen Militärtribunal (IMT) in Berlin eröffnet worden war, begann am 19. Oktober 2005 in Bagdad der Strafprozeß gegen den irakischen Präsidenten Saddam Hussein. Auch wenn auf den ersten Blick kaum eine inhaltliche Verbindung zwischen beiden Prozessen festzustellen ist, sind Vorgeschichte, Hintergründe und Durchführung dieser Strafverfahren sich bemerkenswert ähnlich.

Während man in der veröffentlichten Meinung über den Nürnberger Prozeß auf überwiegend positive Darstellungen trifft, die mit teilweise hymnischen Wertungen über die eklatanten juristischen Mängel und gravierenden Verstöße gegen allgemein anerkannte Rechtsgrundsätze in diesem Tribunal rhetorisch geschickt hinweggehen, sind derartige Äußerungen über den Prozeß gegen Saddam Hussein eher selten. So wie der britische Hauptankläger in Nürnberg, Sir Hartley Shawcross, in seinem Schlußplädoyer das damalige Verfahren zum historischen „Markstein in der Geschichte der Zivilisation" stilisierte, loben nur wenige Personen den Prozeß gegen Saddam Hussein. So sah zwar US-Präsident George W. Bush dieses Verfahren als „Meilenstein in den Bemühungen des irakischen Volks, die Herrschaft eines Tyrannen durch die Herrschaft des Gesetzes zu ersetzen", und US-Außenministerin Condoleezza Rice begrüßte das Todesurteil über den Ex-Diktator als „Triumph des Gesetzes" über die „Herrschaft des Schreckens". Doch im Gegensatz zu der relativ geringen Zahl kritischer Stimmen, die den Nürnberger Prozeß nicht für eine juristische und kulturgeschichtliche Großtat halten, überwiegen weltweit die Meinungsäußerungen, die den Prozeß gegen Saddam Hussein als „Siegerjustiz" und als einen „willkürlichen Schauprozeß" sehen. Der französische Staranwalt Jacques Vergès äußerte sich zu dem Prozeß in Bagdad: „Alles illegal. Das ist die komplette Anarchie." Der deutsche Völkerrechtler Norman Paech hielt ein faires Verfahren gegen den ehemaligen Staatschef Hussein für illusionär, und auch die überaus negativen Beurteilungen großer Menschenrechtsorganisationen wie „Amnesty International" und „Human Rights Watch" attestierten dem Gerichtsverfahren das Odium der Ungerechtigkeit und Illegalität.

Wie bei dem Nürnberger „Hauptkriegsverbrecherprozeß" ging es auch in Bagdad nicht um Rechtsfindung, sondern um eine nur vordergründig rechtliche, aber dafür sichere Verurteilung der Angeklagten im Rampenlicht der Weltöffentlichkeit. Das Ziel war nicht Gerechtigkeit, sondern unter anderem auch die Verschleierung der ehemaligen Komplizenschaft der USA, Großbritanniens und anderer Staaten beim Regierungshandeln des früheren irakischen Staatspräsidenten.

Wie in Nürnberg wurden fehlende Rechtsgrundlagen nachträglich geschaffen sowie durch Rechtsbeugung und unter Verletzung internationaler Rechtsgrundsätze entsprechende Rahmenbedingungen konstruiert, so daß gemäß dem Muster kommunistischer Schauprozesse der Ausgang des Gerichtsverfahrens von Anfang an feststand.

Auch wenn die Kriegskoalition im Gegensatz zu Nürnberg diesmal nicht die Richter stellte, sondern ein von irakischen Richtern geführtes Sondertribunal einsetzte, wurde auch hier der allgemeine Rechtsgrundsatz *nemo iudex in sua causa* – „Keiner kann Richter in eigener Sache sein" – verletzt, da auch der irakische Gerichtshof die für ein rechtsstaatliches Verfahren zwingende Grundvoraussetzung unparteiischer Richter nicht erfüllte, insofern die USA zumindest mittelbar die Regie des Verfahrens führten.

Es ergab sich schon aus den Äußerungen hoher Amtsträger, daß Saddam Hussein, wie seinerzeit die Angeklagten in Nürnberg, gleichsam vor-verurteilt war und somit der Ausgang seines Gerichtsverfahrens bereits feststand: Der von der Siegermacht designierte irakische Präsident Dschalal Talabani sagte im irakischen Fernsehen, Hussein sei „ein Kriegsverbrecher, der es verdient, zwanzigmal am Tag für seine Verbrechen hingerichtet zu werden", der amtierende Ministerpräsident Ibrahim al-Dschafari erklärte, daß der Prozeß „kein Forschungsprojekt" sei, und Abdul Aziz Hakim, der Vorsitzende der größten irakischen Partei, befand über Saddam: „Dieser Kriminelle verdient die Todesstrafe, die strengste Bestrafung."

Da für eine umfassende Untersuchung der rechtlich sehr komplexen Gerichtsprozesse von Nürnberg und Bagdad hier kein Raum ist, beschränken sich die Ausführungen auf einige exemplarische Aspekte dieser Verfahren. Hierbei wird jedoch bewußt auf die Prüfung der individuellen Schuld der Angeklagten in Nürnberg und Bagdad sowie auf die Diskussion der

Frage der moralischen Berechtigung beider Gerichtsverfahren verzichtet; im Vordergrund steht allein die
Analyse, ob und inwieweit die Prozesse rechtsstaatlichen Maßstäben entsprachen, ohne gravierende pro-
zessuale Mängel durchgeführt wurden und ob und inwieweit sie sich an den international anerkannten
Rechtsgrundsätzen orientierten. Die Legitimation von
Rechtsstaat und Demokratie basiert auf der Einhal-
tung internationaler Vereinbarungen wie dem Völkerrecht und der UNO-Menschenrechtskonvention und
auch der nationalen Gesetzgebung sowie der Ge-
währleistung von fairen rechtsstaatlichen Verfahren
auch für die Personen, die der schlimmsten Verbrechen bezichtigt werden. Wenn diese Voraussetzungen
nicht eingehalten werden, begibt man sich auf das Ni-
veau sogenannter „Unrechtsregime".

* * *

Bis 1919 wurden Soldaten völkerrechtlich von der
Verantwortung für von ihnen begangene Kriegsverbrechen freigestellt. Gemäß Artikel 3 der Haager
Landkriegsordnung vom 18. Oktober 1907 waren allein die jeweiligen Staaten als Völkerrechtssubjekte für
alle die Handlungen verantwortlich, die von den zu
ihrer bewaffneten Macht gehörenden Personen begangen werden.
Obwohl die Siegermächte in Artikel 228 des Ver-
sailler Vertrages von diesem Prinzip erstmals abwei-
chen und 901 deutsche „Kriegsverbrecher" vor eigenen Militärgerichten aburteilen wollten, verzichteten
sie jedoch schließlich auf diese Forderung.
Erst im Zuge des Zweiten Weltkrieges griffen die
Alliierten erneut den Plan auf, mit den nationalsozia-
listischen Eliten und den deutschen „Hauptschuldigen" des Zweiten Weltkrieges nach dem Prinzip der

persönlichen Haftung abzurechnen. Zu diesem Zwecke wurde am 8. August 1945 von Vertretern der USA, der Sowjetunion, Großbritanniens und Frankreichs das Londoner Viermächte-Abkommen „über die Verfolgung und Bestrafung der Hauptkriegsverbrecher der europäischen Achse" unterzeichnet. Mit dem als wesentlicher Bestandteil des Abkommens beigefügten Londoner Statut schuf man ein Surrogat für fehlende Rechtsgrundlagen einer Verurteilung der deutschen Politiker und Militärs und ermöglichte zudem, sie für Taten zu bestrafen, die bis dato in der Rechtsgeschichte straffrei gewesen waren. Daß das Londoner Statut entgegen den Behauptungen der Siegermächte kein Bestandteil einer allgemeingültigen neuen Rechtsordnung war, ergibt sich daraus, daß seine Geltungsdauer gemäß Artikel 7 des Viermächte-Abkommens auf ein Jahr beschränkt war. Das Statut, dessen 30 Artikel Straftatbestände sowie Verfassung, Zuständigkeit und Aufgaben des IMT festlegte, wies jedoch eine Vielzahl gravierender juristischer Mängel und Fragwürdigkeiten auf und verletzte vor allem den sowohl inner- als auch zwischenstaatlich geltenden obersten Rechtsgrundsatz, nach welchem jegliche Willkür auszuschalten und unter keinen anderen als rechtsstaatlichen Gesichtspunkten zu denken und zu handeln ist.

Schon einige wenige der vielen juristischen Mängel des Statuts reichen aus, um dem IMT jede Rechtsstaatlichkeit abzusprechen. So zum Beispiel die Tatsache, daß entgegen den allgemein anerkannten Regeln der Strafrechtspflege erstmals in einem Verfahren eine der beteiligten Parteien sowohl Gerichtsverfassung und Strafrechtsnormen schuf als auch die Ankläger und Richter stellte. Außerdem wurde in diesem Zusammenhang das in allen demokratisch verfaßten Rechtsordnungen geltende Prinzip der Gewaltenteilung verletzt, indem einige Mitglieder des Tribunals an der Verfassung des Statuts – also legislatorisch – beteiligt waren, während sie für die Dauer des Prozesses als Vertreter der Judikative fungierten, ein aus rechtsstaatlicher Sicht inakzeptabler Vorgang.

Auch der elementare Rechtsgrundsatz *nullum crimen sine lege, nulla poena sine lege* – „Kein Verbrechen ohne Strafe, keine Strafe ohne Gesetz", d.h. nur das Gesetz bestimmt, welche Handlungen strafbar sind – wurde durch das Londoner Statut mit Füßen getreten, da in Nürnberg die Angeklagten über erst am 8. August 1945 nachträglich konstruierte Rechtsnormen für „Taten", die bereits zwischen 1933 und 1945 begangen worden waren, nun zur Rechenschaft gezogen wurden. Mit juristischen Kunstgriffen wurden die Rechte der Angeklagten systematisch ausgehebelt: Nach Artikel 1 des Statutes stellte der Gerichtshof seine Verfahrensregeln selbst auf, Artikel 3 erklärte das Statut zum Tabu und verbot jeden Antrag, der sich gegen seine mangelnde Zuständigkeit richtete, und mit Artikel 26 wurde das Urteil des Gerichtshofes für „endgültig und nicht anfechtbar" erklärt, so daß jede Berufungsmöglichkeit und damit eine unparteiische Prüfung und juristische Absicherung der rechtlichen Mängel und Unzulänglichkeiten des Verfahrens für alle Zeit ausgeschlossen war.

Im übrigen fehlten die völkerrechtlichen Grundlagen für die Durchführung des Nürnberger Prozesses gegen deutsche Staatsangehörige, da Deutschland dem Viermächte-Abkommen, auf dem das IMT basierte, weder beigetreten war noch es anerkannt hatte. Die Alliierten beriefen sich hinsichtlich der Zuständigkeit des IMT zwar auf die bedingungslose Kapitulation der deutschen Wehrmacht und auf die mit der Berliner Erklärung vom 5. Juni 1945 begründete Übernahme der obersten Regierungsgewalt in Deutschland, aber die deutsche Kapitulation vom 8. Mai 1945 als rein militärischer Akt ermächtigte die Alliierten in keinster Weise, aufgrund etwaiger völkerrechtlicher Vertragshoheit das Londoner Statut für Deutschland quasi treuhänderisch in Kraft zu setzen. Entgegen der alliierten Rechtsauffassung handelte es sich bei dem IMT nicht um ein völkerrechtliches Gericht, sondern nur um ein interalliiertes Besatzungsgericht. Das Statut fand keine Legitimation im bestehenden Völkerrecht, sondern stellte lediglich eine völkerrechtlich unzulässige *ad hoc*-Jurisdiktion dar – einseitig zu Lasten Dritter geschaffen, um den Anschein eines ordnungsgemäßen rechtlichen Verfahrens wahren zu können.

Nicht zuletzt in Hinblick auf den Nürnberger Prozeß haben die Vereinten Nationen nach 1945 die „International Law Commission" (ILC) eingesetzt, um ein internationales Strafgesetzbuch zu erarbeiten. Die Entwürfe der ILC wurden in den folgenden Jahrzehnten allerdings immer wieder von der Sowjetunion und den USA abgelehnt, da diese entsprechende Strafverfahren gegen eigene Führungspersönlichkeiten fürchteten. Im Jahre 1998 berief UNO-Generalsekretär Kofi Annan eine Konferenz nach Rom ein, auf der von den anwesenden 159 Staaten eine große Mehrheit für die Einrichtung eines Internationalen Gerichtshofes in Den Haag stimmte.

Dieser Gerichtshof wäre nun generell die ideale Instanz für einen Prozeß gegen Saddam Hussein gewesen, allerdings hatten weder die USA noch der Irak den Vertrag über die Anerkennung des Gerichtshofes ratifiziert, und außerdem fallen die dem Ex-Präsidenten vorgeworfenen Verbrechen in die Zeit *vor* der Einrichtung des Internationalen Gerichtshofes, so daß dieser hierfür gar nicht zuständig sein konnte.

Da die amerikanische Regierung nun nicht bereit war, internationale Rechenschaft zu akzeptieren, erschien es ihr opportun, den unter ihrer Führung am 19. März 2003 begonnenen Krieg gegen den Irak durch einen „zweiten Nürnberger Prozeß" in Bagdad nachträglich zu rechtfertigen. Einer der Verteidiger Saddam Husseins, der französische Anwalt Emmanuel Ludot, bemerkte zu diesem Krieg: „Wir dürfen allerdings nicht vergessen, und ich sage das ohne jede Polemik, daß die Invasion der Amerikaner und Engländer im Irak eine kriegerische Handlung war und in keiner Weise durch das Internationale Recht getragen! Sie erfolgte ohne UN-Mandat und verstieß daher gegen die internationalen Vorschriften."

Nachdem US-Präsident Bush am 1. Mai 2003 das offizielle Ende des Krieges erklärt hatte, wurde der Irak formal besetzt. Die Übergabe der Regierungsgewalt an die irakische Übergangsregierung erfolgte am 28. Juni 2004, und mit Wirkung zum 30. Juni erklärten die USA die Besetzung des Landes offiziell für beendet.

Noch während der Besatzungszeit richtete die von der Kriegskoalition als Besatzungsmacht eingesetzte Verwaltungsbehörde „Coalition Provisional Authority" (CPA) unter dem amerikanischen Zivilverwalter Paul Bremer das irakische Sondertribunal „Iraqi Special Tribunal" (IST) ein, verfaßte dessen Statut und wählte den Vorsitzenden Untersuchungsrichter sowie weitere Richter für das Gerichtsverfahren aus. Artikel 64 der 4. Genfer Konvention regelt allerdings die Befugnis einer Besatzungsmacht zur Veränderung der Gerichtsstruktur sehr restriktiv, so daß renommierte Völkerrechtler die Einrichtung dieses Gerichtshofes als illegal bewerten. Auch der seinerzeitige Leiter des Verteidigungskomitees von Saddam Hussein, Ziad Al Khawasneh, verwies auf die Illegitimität aller Maßnahmen, die Bremer erlassen hatte: „Es gibt einen Rechtsgrundsatz, daß alles, was auf Unrecht basiert, Unrecht ist!"

Saddam Hussein vor dem Tribunal in Bagdad. Der irakische Präsident bezeichnete das Gericht als „illegal".

Auch die Berufung auf Artikel 42 der während der Besatzungszeit im Irak geltenden Haager Konvention, mit der Zielsetzung, das irakische Sondertribunal zu rechtfertigen, ist illegitim; denn diese beschränkt die Handlungsfreiheit der Besatzungsmacht auf die Verpflichtung, schnellstmöglich Sicherheit und Ordnung im besetzten Land wieder herzustellen und zu garantieren.

Einige Tage bevor die Koalitionstruppen am 13. Dezember 2003 Saddam Hussein gefangennahmen, machte der irakische Regierungsrat – vornehmlich von der CPA ausgewählte Iraker – das IST-Statut am 10. Dezember 2003 öffentlich bekannt; die CPA war insofern eingebunden und hatte ihre Genehmigung hierzu erteilt.

Am 11. August 2005 hob die provisorische Nationalversammlung des Irak das ursprüngliche IST-Statut auf und ersetzte es durch eine leicht überarbeitete Fassung, mit der auch der Name des Gerichtshofes in „Iraqi High Criminal Court" (IHCC) geändert wurde. Die am 15. Oktober 2005 in Kraft getretene irakische Verfassung, die unter amerikanischer Federführung geschrieben wurde, legitimierte das Gerichtsstatut auf dem Papier nachträglich. Einer von Saddam Husseins Verteidigern, der ehemalige amerikanische Generalstaatsanwalt Ramsey Clark, äußerte deutliche Kritik: „Was ist das für eine Souveränität, wenn irgendein Yankee daherkommt und die Verfassung für diese Leute schreiben muß! Die USA haben den Irak der grausamsten Behandlung unserer Tage unterworfen. Zwölf Jahre Sanktionen, denen 1,5 Millionen Menschen zum Opfer fielen, die Hälfte davon Kinder unter fünf Jahren! Und jetzt schreiben sie dem irakischen Volk seine Verfassung vor, weil es selbst unfähig dazu ist?"

Die neue Fassung des Statuts weist den Angeklagten auch gegen deren Willen einen Verteidiger zu, damit sie keine ausführlichen Plädoyers in eigener Sache halten können. Die Zielrichtung dieser Regelung widerspricht eindeutig internationalem Recht.

In analoger Praxis des Londoner Statuts von 1945 wird auch dem IST-Statut rückwirkende Kraft zugesprochen, so daß das Tribunal Recht über jeden irakischen Bürger oder Einwohner des Irak sprechen konnte, der seit der Machtergreifung der irakischen Baath-Partei am 17. Juli 1968 bis zur formalen Besetzung des Irak am 1. Mai 2003 Verbrechen wie Völkermord, Verbrechen gegen die Menschlichkeit, Kriegsverbrechen, Versklavung, Folter oder Vergewaltigung begangen hat.

Das Statut wird von international anerkannten Rechtsexperten überaus kritisch beurteilt, da es sich hierbei um einen sogenannten „juristischen Bastard" handelt, bei dem das anglo-amerikanische Anklagesystem mit dem irakischen Inquisitionssystem und dem französischen Strafprozeßrecht vermischt wurde. Das materielle Strafrecht wurde aus dem Rom-Statut des Internationalen Strafgerichtshofes übernommen, das von den USA sonst massiv abgelehnt wird, und mit dem nationalen irakischen Strafrecht von 1971 verquickt.

Der international anerkannte Rechtsprofessor Chérif Bassiouni, der als Schlüsselfigur maßgeblich bei der Entstehung des IST beteiligt war, hatte die erste Fassung des Statuts entwickelt und sich dabei an dem Internationalen Gerichtshof in Den Haag, dem Tribunal für Ruanda und gegen den ehemaligen Präsidenten Jugoslawiens, Slobodan Miloseviç, orientiert. Das schließlich verabschiedete Statut unterschied sich allerdings so grundlegend von der ersten Fassung, daß Bassiouni es nun entschieden ablehnte und feststellte: „Man kann sagen, daß das Statut sehr zu wünschen übrig läßt."

* * *

Die Alliierten waren sich im Verlaufe des Zweiten Weltkrieges lange Zeit nicht darüber einig, wie man mit den „Nazi-Verbrechern" verfahren sollte. Nachdem mehrfach angeregt worden war, diese kurzerhand zu liquidieren, einigte man sich schließlich auf die Durchführung von Gerichtsverfahren. Die Siegermächte USA, Sowjetunion, Großbritannien und Frankreich ernannten für das IMT gemäß Artikel 2 des Londoner Statuts jeweils einen Richter und dessen Vertreter.

Trotz der bereits angesprochenen rechtlichen Bedenken gegen das IMT und den Nürnberger Prozeß bleibt festzuhalten, daß der Gerichtshof sich überwiegend aus kompetenten Rechtsexperten zusammensetzte, die über breite einschlägige Kenntnisse und langjährige Berufserfahrung in herausgehobenen juristischen Funktionen oder als Rechtsgelehrte verfügten. Nach Artikel 6 des Londoner Statuts urteilte das IMT über „Verbrechen gegen den Frieden", „Verbrechen gegen die Menschlichkeit", „Kriegsverbrechen" sowie über den Anklagepunkt „Verschwörung", eine dem europäischen und völkerrechtlichen Denken bis dato fremde und diffuse Rechtsfigur.

Unter der Federführung des ehemaligen Richters am Obersten Bundesgericht der USA und späteren Chefs des amerikanischen Anklagestabes, Robert Houghwout Jackson, einigten sich die Siegermächte über Strukturen, Aufgaben und Funktionen des IMT und richteten in Deutschland eine entsprechende Gerichtsbehörde mit mehr als tausend Mitarbeitern ein. Der ständige Sitz des Gerichtshofes befand sich gemäß Artikel 22 des Londoner Statuts in Berlin, wo am 18. Oktober 1945 auch die Eröffnungssitzung stattfand; das Gerichtsverfahren gegen die „Hauptkriegsverbrecher" selbst fand allerdings im Justizpalast von Nürnberg, der Stadt der früheren Reichsparteitage der NSDAP, statt. Die USA stellten für das Mammutverfahren in Nürnberg erhebliche Geldmittel und sonstige Ressourcen zur Verfügung, und die 1. US-Division übernahm die Bereitstellung der gesamten Infrastruktur des Gerichtshofes: Bauarbeiten, Unterbringung von etlichen hunderten Mitarbeitern, Sicherung und Bewachung und so weiter.

Der Vorsitzende Richter Rizgar Mohammed Amin hat in einem Interview mit der *Neuen Zürcher Zeitung* in der Sonntagsausgabe vom 13. November 2005 eigens betont, daß sich das irakische Sondertribunal ausdrücklich der „Rechtstradition" des Nürnberger Verfahrens verpflichtet gefühlt hat.

Bei dem Gerichtshof in Bagdad handelte es sich, wie es der amerikanische Professor für internationales

Saddam Hussein, der sich bis zuletzt als legitimer irakischer Präsident verstand, rief während des Prozesses aus: „Dies ist alles Theater, der wahre Verbrecher ist Bush."

Recht und Chefausbilder der irakischen Richter, Michael Scharf, ausdrückte, um „eine Art internationalisiertes einheimisches Gericht", ein Novum der internationalen Rechtsgeschichte. Dieser Gerichtshof war nicht Bestandteil des regulären Justizsystems des Irak, sondern ein unter der Kontrolle der Kriegskoalition neu geschaffenes Sondertribunal. Die Aufgaben des Tribunals, das Saddam Hussein bis zuletzt als illegitim bezeichnete, bezogen sich ausschließlich auf die Verfolgung der vom ehemaligen Regime verübten Verbrechen. Nach Artikel 24 des IST-Statuts war die irakische Strafprozeßordnung anwendbar; Artikel 3 nannte einige aus dem irakischen Recht abgeleitete Verbrechen wie „Einflußnahme auf die Justiz oder deren Funktionen", die „Verwüstung oder Vergeudung nationaler Ressourcen", „Amtsmißbrauch" oder die „Verfolgung einer Politik, die zur Kriegsdrohung oder zum Einsatz irakischer Streitkräfte gegen ein arabisches Land" führen könnte.

Der völkerrechtswidrige Sonderstatus des Tribunals ergibt sich – genau wie bei dem IMT – auch aus seiner fehlenden Allgemeingültigkeit und fehlenden Permanenz, zumal es nach Erledigung seiner Arbeit durch Gesetz aufgelöst werden sollte.

Gemäß des IST-Statuts besteht die Gerichtskammer aus fünf, die Berufungskammer – die hier im Gegensatz zum Nürnberger Verfahren vorgesehen war – aus neun Richtern. Grundsätzlich mußten alle Richter, Ankläger und sonstigen Gerichtsbediensteten sowie der Hauptverteidiger der Angeklagten die irakische Staatsangehörigkeit besitzen. Ausländer konnten nach freiem Ermessen des Gerichtshofes als Berater hinzugezogen werden. Falls ein ausländischer Staat Prozeßpartei war, konnte zeitweise auch ein ausländischer Richter zugelassen werden, soweit dies für erforderlich gehalten werden würde. Die Menschenrechtsorganisationen „Amnesty International" und „Human Rights Watch" forderten dagegen, dem Gericht, wie dem UN-Tribunal in Kambodscha, dauerhaft ausländische Richter beizuordnen.

Das irakische Sondertribunal tagte mit seinen Richtern unter strengsten Sicherheitsvorkehrungen in einem vollständig renovierten Palast Saddam Husseins hinter den hohen Mauern der sogenannten „Grünen Zone" in Bagdad. Wie beim Nürnberger Tribunal leisteten besonders die USA eine immense Unterstützung mit Personal und weiteren Ressourcen: Bis 2006 hatte der amerikanische Kongreß weit mehr als 130 Millionen Dollar für Ermittlungen und Gerichtsverfahren bewilligt, die vom amerikanischen Justizministerium und seinem Verbindungsbüro für Regierungsverbrechen – dem „Department of Defence's Regime Crimes Liaison Office" – in Bagdad verteilt wurden, wo auch die Fäden für die Steuerung des gesamten Verfahrens zusammenliefen.

Die Zusammensetzung des Gerichtshofes stieß auf verschiedene Schwierigkeiten, als kritische Fragen hinsichtlich seiner Rechtmäßigkeit, Unparteilichkeit und Unabhängigkeit aufkamen: Früher war im Irak für die Zulassung zum juristischen Studium zwingend die Mitgliedschaft in der Baath-Partei erforderlich gewesen. Da nach Artikel 33 des Statuts Mitgliedern der ehemaligen Regierungspartei die Mitarbeit am Gerichtshof verboten war, waren die Juristen, die ihre Qualifikation im Staat Irak erlangt hatten, automatisch ausgeschlossen. Diese Ausschlußregel wurde allerdings bei der Zusammensetzung des Gerichtshofes nicht durchgehend, sondern sehr selektiv berücksichtigt, um politischen Druck auf den Gerichtshof ausüben zu können. Im übrigen stieg durch die Auswahl von Richtern, die nicht Mitglied der Baath-Partei gewesen waren, die Wahrscheinlichkeit, daß diese direkt oder indirekt Opfer irgendwelcher Repressionsmaßnahmen des ehemaligen Regimes gewesen waren. Einer der amerikanischen Ausbilder der irakischen Richter, Professor Michal Newton, erklärte zu diesem Problem: „Als ein Mikrokosmos der irakischen Gesellschaft hatte die überwältigende Mehrheit dieser Gruppe von 96 Rechtsgelehrten den Verlust eines Familienmitgliedes durch einen kriminellen Akt des Regimes erlitten. Ein Richter war der einzige Überlebende von sieben Brüdern." Es liegt auf der Hand, daß von solchen Richtern die gebotene Unparteilichkeit kaum erwartet werden konnte.

Ein weiteres schwieriges Problem lag für den Gerichtshof in der mangelnden Erfahrung, Kompetenz und Qualifikation seiner Richter, die der hochkomplexen Rechtsmaterie nicht annähernd gewachsen waren. Die meisten Richter des Tribunals waren unter dem

Regime von Saddam Hussein von allen internationalen Rechtsentwicklungen abgeschnitten gewesen, und ihnen fehlte auch die Erfahrung für derartig diffizile Verfahren. Laut Richard Dicker, dem führenden Rechtsexperten von „Human Rights Watch", hatte vor dem Prozeß kaum einer von ihnen an einem Verfahren teilgenommen, das länger als anderthalb Tage gedauert hatte. Die irakischen Juristen, die nun aus dem Exil zurückgekehrt waren, hatten allenfalls Erfahrungen im Privat- oder – wie etwa der erste Präsident des Gerichtshofes, der Londoner Rechtsanwalt Salam Dschalabi – im Handelsrecht.

Diese kaum qualifizierten Kandidaten wurden von den Amerikanern handverlesen und durchleuchtet und sodann einer nicht besonders fundierten, sondern nur sehr oberflächlichen „Ausbildung" unterzogen. Diese bestand in Seminaren, bei denen erörtert wurde, wie sich „Verbrechen gegen die Menschlichkeit" oder „Kriegsverbrechen" genau definieren. Diese Ausbildung durch Kurse in London sowie vom 7. bis zum 18. Dezember 2003 im „Baghdad Convention Center" übernahmen neben Rechtsexperten aus Australien, Großbritannien und Spanien im wesentlichen amerikanische Juristen des „Defense Institute for International Legal Studies" des Pentagon und FBI-Spezialisten, also Ausbilder, die zu den am Irak-Konflikt beteiligten Parteien gehörten. Es steht außer Frage, daß die Richter des Tribunals auch weiterhin der juristischen Unterstützung bedurften und daß insofern auch während des Verfahrens die USA auf diesem Wege hinter den Kulissen Einfluß nahmen. Und hier setzt die Kritik an: Konnte man bei diesen Rahmenbedingungen wirklich noch von einem irakischen Gericht sprechen? Hielten die Richter des Tribunals überhaupt die Fäden in der Hand?

Die Rechtsexperten der Vereinten Nationen und die Richter des Internationalen Gerichtshofes in Den Haag

sind der Auffassung, daß das irakische Sondertribunal
– nicht zuletzt wegen der massiven Einflußnahme der
USA – internationalen Standards nicht genügte.

* * *

In Nürnberg fungierten gemäß Artikel 14 des Londoner Statuts die von den Siegermächten bestimmten
vier Generalstaatsanwälte als Anklagebehörde. Diese
hatte nicht die Aufgabe, den Sachverhalt objektiv darzustellen und Entlastendes für die Angeklagten dar-
zulegen, sondern hatte in der Hauptsache die Ge-
sichtspunkte herauszustellen, die sich für die Verurteilung der Angeklagten verwerten ließen. Die Anklagebehörde kämpfte gegenüber der Verteidigung im
IMT mit ungleich schlagkräftigeren Waffen, einerseits
schon durch ihre allein zahlenmäßige Überlegenheit
bei den personellen und sachlichen Ressourcen, andererseits durch ihre Vorteile in verfahrenstechnischen
Fragen.

Aus ganz Europa waren Tausende von Tonnen an
Beweismaterial zusammengetragen worden, für deren Übersetzung Hunderte von Dolmetscher zur Verfügung standen, und die Anklage verfügte über hunderte Mitarbeiter, die monatelang akribisch diese Un-
terlagen auswerten und für den Prozeß vorbereiten
konnten. Außerdem flossen der Anklagebehörde per-
manent weitere Beweismaterialien aus allen europäischen Ländern zu, die die Anklagebehörde nach Gut-
dünken in den Prozeß einbrachte oder auch nicht. Die
Anklagebehörde hatte ein Mitspracherecht bei der Zulassung von Dokumenten der Verteidigung, die somit
der Zensur des Tribunals unterworfen waren, und erklärte auf diesem Wege zahlreiche Urkundenbeweise
der Verteidigung für „unerheblich". Aber auch beim
Zeugenbeweis war die Anklage klar im Vorteil, indem

sie massiv Zeugenbeeinflussung praktizierte und auf der anderen Seite Entlastungszeugen verschwieg, mißhandelte, bedrohte oder verhaftete. Da das IMT nicht verpflichtet war, alle Zeugen persönlich zu vernehmen, konnte lediglich auf die bei den Zeugenvernehmungen von der Anklage gefertigten Protokolle zurückgegriffen werden. Die rund 300.000 eidesstattlichen Erklärungen – sogenannte *Affidavits* –, die im Prozeß schließlich eingebracht wurden, waren von der Anklage zu einem großen Teil willkürlich gesteuert worden, indem zahlreiche entlastende Details von Zeugenaussagen unterdrückt und erwiesenermaßen sogar in großem Umfang Dokumente verfälscht worden waren.

Die Anklageschrift vom 6. Oktober 1945 wurde den im Nürnberger Zellengefängnis einsitzenden „Hauptkriegsverbrechern" am 18. Oktober, dem Tag der Eröffnungssitzung des IMT in Berlin, übergeben. Unter den bereits oben genannten vier Anklagepunkten hatte die Anklagebehörde eine wahre Flut von Anschuldigungen aufgelistet mit dem Ziel einer möglichst detailgenauen Darstellung der Schuldvorwürfe gegen die angeklagten 24 „Hauptkriegsverbrecher" und sechs „verbrecherischen Organisationen".

Besonders im Umfang der Anklage gegen Saddam Hussein zeigt sich beim Bagdader Verfahren ein gravierender Unterschied zum Nürnberger Tribunal: Obwohl das Regime des irakischen Ex-Diktators mit 24 Jahren doppelt so lange wie die Herrschaft des Nationalsozialismus Bestand gehabt hatte und Hussein allgemein eine große Anzahl von Verbrechen zur Last gelegt wurde, die unter die Tatbestände „Kriegsverbrechen", „Verbrechen gegen die Menschlichkeit", „Angriffskrieg" et cetera zu subsumieren sind, beschränkte sich die Anklage vor dem Tribunal auf eine im Vergleich zu anderen Aktionen des Regimes relativ kleine Repressionsmaßnahme. Hierbei handelte es sich um den Rachefeldzug nach einem fehlgeschlagenen Attentat auf Saddam Hussein gegen das schiitische Dorf Dudschail von 1982, dem 143 Menschen zum Opfer gefallen sein sollen.

Bei dem Tribunal in Bagdad ging dem eigentlichen Verfahren eine Voruntersuchung durch einen Untersuchungsrichter voraus. Diese Funktion übernahm der 33jährige Rahed Juhi, der enge Kontakte mit den amerikanischen Rechtsberatern pflegte und im Zuge seiner Beweisaufnahme besonders intensiv mit dem „Department of Defence's Regime Crimes Liaison Office" unter dem ehemaligen Staatsanwalt Greg Kehoe aus Florida zusammenarbeitete. Dieses Verbindungsbüro, in dem auch Anwälte und Berater aus Großbritannien und Australien vertreten waren, spielte bei der Einrichtung des Tribunals eine dominierende Rolle, unterstützte den Gerichtshof bei den Ermittlungen und Beweissicherungen auch großzügig durch Personal und Material, beriet den Gerichtshof in allen Angelegenheiten und traf für ihn auch oft die erforderlichen Entscheidungen. Rechtsexperte Bassiouni äußerte sich zu diesem Ermittlungsteam: „Sie tun ihre Arbeit möglichst im Verborgenen, um die Fingerabdrücke der Amerikaner in diesem Prozeß nicht allzu sichtbar werden zu lassen. Sie haben die Ressourcen, das Geld, die Kompetenzen."

Die Sonderermittler sammelten fast ein Jahr lang im ganzen Land Beweise, befragten Hunderte von Personen und stellten hunderte Anklagepunkte zusammen, die allerdings immer weiter zusammengestrichen wurden. Schließlich stellte der Untersuchungsrichter fest, daß mit den 143 von Saddam Hussein unterzeichneten Todesurteilen von Dudschail ein *prima facie case* gegeben sei – zu deutsch ein „Fall, bei dem der Tatbestand einfach liegt" –; der Untersuchungsrichter bereitete die Anklage vor und übertrug den Fall an den Gerichtshof.

Was waren die Gründe dafür, daß Aktionen wie die Ermordung schiitischer Würdenträger (1974), die Liquidierung von Mitgliedern der Irakischen Kommunistischen Partei (1979), die Giftgaseinsätze im kurdischen Norden des Irak bei der „Anfal-Offensive" (1987) und auf die Stadt Halabscha (1988) oder die Kuwait-Invasion (1990) unberücksichtigt blieben? Bei dieser Entscheidung interessierten vor allem zwei Aspekte: Einerseits sollten nur solche Verbrechen in die Anklage mit einbezogen werden, in welche weder die USA noch ihre Verbündeten verwickelt gewesen waren. Durch die restriktive Auswahl der 19 den Fall Dudschail betreffenden Anklagepunkte sollte eine öffentliche Erörterung der jahrelangen Zusammenarbeit der USA mit dem Baath-Regime vermieden werden. Anderenfalls hätten die Verteidiger von Saddam Hussein womöglich über die Gespräche berichtet, die Saddam Hussein 1983/84 mit dem Gesandten des US-Präsidenten und späteren Verteidigungsminister der USA, Donald Rumsfeld, zwecks amerikanischer Unterstützung des Irak im Krieg gegen den Iran geführt hatte.

Zweitens diktierten auch ganz profane verfahrensrechtliche Überlegungen die Entscheidung, sich bei der Anklage allein auf den Fall Dudschail zu konzentrieren.

Dieser Fall wurde als exemplarisches Schlüsselereignis ausgewählt, weil es sehr gut dokumentiert war und es sich tatsächlich um einen juristisch nicht hochkomplexen, sondern präzise greifbaren und klaren Fall handelte. Außer Saddam Hussein mußten sich dessen Halbbruder Barsan Ibrahim al-Tikriti und Awad Hamed al-Bander, der ehemalige Vorsitzende Richter des früheren „Irakischen Revolutionsgerichtes", sowie fünf weitere Angeklagte verantworten.

Als Saddam Hussein am 1. Juli 2004 nach amerikanischem Vorbild erstmals dem Untersuchungsrichter Rahed Juhi zum Verhör vorgeführt wurde mit der Aufforderung, sich „schuldig" oder „nicht schuldig" zu bekennen, stellte der Ex-Diktator kategorisch fest, daß er das Sondertribunal nicht anerkenne, und erklärte, daß er gemäß der irakischen Übergangsverfassung von 1970 als Staatchef vollständige Immunität genieße. Auch sein Verteidiger Ziad Al Nadjawi pochte darauf, daß Saddam, als er von den Amerikanern festgenommen worden war, keiner bestimmten Rechtsprechung unterlag und verwies auf „die vorläufige irakische Verfassung, welche dem Präsidenten die gesetzliche und verfassungsmäßige Immunität für jede aus der Verfassung herzuleitende Amtshandlung verleiht".

* * *

Aus der Menge der Kritikpunkte sei ein weiterer Aspekt herausgegriffen, der die inhaltlichen Parallelen zwischen den juristisch prekären Prozessen von Nürnberg und Bagdad und die Ungerechtigkeit in der Behandlung der Angeklagten besonders deutlich vor Augen führt: Die Verletzung des Rechtsprinzips *tu quoque!* – des „Auch du".

Dieses Prinzip soll sicherstellen, daß gleiche Handlungen rechtlich mit gleichem Maßstab gemessen werden, und es soll verhindern, daß eine Partei von einer anderen rechtmäßiges Verhalten verlangt, obwohl sie selbst sich in diesem Zusammenhang unrechtmäßig verhalten hat oder verhält.

In Nürnberg verhinderten die Siegermächte mit den im Londoner Statut fixierten juristischen Kunstgriffen, daß die Verteidigung im Sinne des *tu quoque* argumentieren konnte, daß die Alliierten ebenfalls Kriegsverbrechen begangen hatten. So durften gemäß der eindeutigen Parteilichkeit des Statuts und des Gerichtes in Nürnberg nur deutsche Kriegsverbrechen verhandelt, nicht jedoch die völkerrechtswidrigen Handlungen der Siegermächte thematisiert werden. Konkret lassen sich die Verletzungen des *tu quoque*-Prinzips an dem Vorwurf des Angriffs auf Polen belegen, der zwischen Hitler und Stalin in einem zusätzlichen Geheimabkommen zum Nichtangriffs- und Freundschaftsvertrag vom 23. August 1939 abgesprochen worden war. In Nürnberg richtete nun auch die Sowjetunion über ihren früheren Vertragspartner, der sich hier für den Polen-Feldzug zu verantworten hatte, und ignorierte insofern das *tu quoque*-Prinzip. Gleiches galt für den Vorwurf bezüglich der deutschen Besetzung Norwegens, obwohl die deutsche Wehrmacht nur um Stunden der seitens Großbritanniens ebenfalls geplanten Invasion Norwegens zuvorgekommen war und insoweit einen klaren Akt militärischer Selbstverteidigung ausgeführt hatte.

Durch die selektive Festlegung der Anklagepunkte gegen Saddam Hussein, die sich ausschließlich auf den Fall Dudschail bezogen, wurde bewußt verhindert, daß vor Gericht der Angriffskrieg des irakischen Ex-Präsidenten im Jahre 1990 gegen Kuwait verhandelt wurde. Die USA mußten nämlich befürchten, daß der Vorwurf des Angriffskrieges im Zuge der *tu quoque*-Argumentation der Gegenseite sie selbst belasten würde, völkerrechtswidrig Saddam Hussein im Kriege gegen den Iran unterstützt und später den Irak angegriffen zu haben.

Nicht zu Unrecht verurteilte daher Saddam Hussein vor laufenden Kameras und zahlreichen Reportern im Gericht die US-Regierung als „Verbrecher, die unter dem Vorwand von Massenvernichtungswaffen und unter dem Vorwand der Demokratie hierherkamen", worauf der Richter die Ton- und Bildübertragung stoppen und die Journalisten aus dem Gerichtssaal weisen ließ. Da die von Saddam Hussein angeblich beschafften Massenvernichtungswaffen nie gefunden und direkte Verbindungen zwischen ihm und der Terrororganisation Al Kaida auch bis dato nicht nachgewiesen waren, hätte es schlecht um die moralische Rechtfertigung des Irakkrieges gestanden, da Saddam Hussein hätte freigesprochen werden müssen. Der Ausschluß der Öffentlichkeit durch den Richter war nur folgerichtig, da die Argumentation von Hussein stichhaltig war; der Schauprozeß vor dem irakischen Sondertribunal diente als Feigenblatt, um den illegalen Angriffskrieg gegen den Irak und die anschließende Besetzung des Landes zu bemänteln.

* * *

Bei den fraglichen Prozessen von Nürnberg und Bagdad wurden international anerkannte Regeln ethischer Rechtspflege außer Kraft gesetzt und zahlreiche allgemeingültige Rechtsgrundsätze gebrochen, um die gewünschten Resultate zu erzielen.

Das Londoner Statut sah zwar für die Angeklagten ein „gerechtes Verfahren" vor, allerdings stellte sich die Praxis vor dem IMT völlig anders dar. So hatte zum Beispiel der sowjetische IMT-Richter Generalmajor Iona T. Nikittschenko lange vor dem Beginn des Verfahrens erklärt, die Angeklagten seien bereits verurteilt und das IMT habe lediglich die Aufgabe, das Schuldmaß des Einzelnen festzustellen und die erforderliche Strafe festzulegen; im übrigen falle den Richtern des IMT nicht die Rolle des unparteiischen Dritten zu. Also waren auch in Nürnberg die Angeklagten vor-verurteilt und der Gerichtshof war weder unabhängig noch unparteiisch, so daß schon insoweit ein rechtsstaatliches und faires Verfahren nicht gewährleistet war.

Darüber hinaus war die Verteidigung in der Wahrnehmung ihrer Aufgaben erheblich behindert, und ihre Arbeitsmöglichkeiten waren, im Gegensatz zu denen ihres Widerparts, der mit Personal und weiteren Ressourcen großzügig ausgestatteten Anklagebehörde, sehr beschränkt. Den Verteidigern stand im Nürnberger Justizpalast nur ein einziges – zudem noch ständig abgehörtes – Telefon zur Verfügung, mit dem auch nur Inlandsgespräche geführt werden konnten.

Die Verteidiger standen bei der Erfüllung ihrer Aufgabe unter hohem Zeitdruck, da ihnen große Teile des umfangreichen Beweismaterials, das die Anklage monatelang ausgewertet hatte, erst kurz vor dem Verfahren zugänglich gemacht wurde und ihnen für die Sichtung und Bearbeitung dieses Materials kaum Hilfskräfte zur Verfügung standen.

Wenn die Verteidiger in Nürnberg aufgrund dieser massiven Beeinträchtigungen beim Tribunal, das sie ständig zur Eile drängte, ihre Rechte bei der ordnungsgemäßen Wahrnehmung der Verteidigerfunktion anmahnten, wurde ihnen mit der Verhaftung gedroht. Die Vertagung der Verhandlungen, die seitens der Verteidigung in Hinblick auf die ihr ungewohnten angelsächsischen Prozeßregeln und die Schwierigkeiten bei der Beschaffung von Dokumenten- und Zeugenbeweisen beantragt worden war, wurde seitens des Tribunals abgelehnt. Außerdem war die Wahrnehmung der berechtigten Interessen der Angeklagten dadurch, daß Zeugen durch repressive Maßnahmen zu Falschaussagen gezwungen worden waren, teilweise unmöglich geworden. Diese Maßnahmen reichten von Drohungen, Dauerverhören, psychischem Druck, Strafverfolgung und Vermögenseinziehung bis hin zu regelrechten Folterungen. Belegt hiervon sind: Hautverbrennungen, mit brennenden Streichhölzern zerstörte Nagelbetten, herausgerissene Fingernägel, ausgeschlagene Zähne, zerbrochene Kiefer, zerquetschte Hoden, Wunden aller Art durch Prügeln mit Knüppeln, Schlagringen und Fußtritten, nacktes Einsperren in kalte, nasse und dunkle Räume oder tagelange Haft in heißen Räumen ohne Flüssigkeitszufuhr, Scheinprozesse, Scheinverurteilungen, Scheinhinrichtungen und falsche Seelsorger.

Wegen der rechtsstaatlichen Mängel wurden selbst in den USA umfangreiche Proteste von Privatpersonen, Verbänden, Institutionen und Amtsträgern laut. Senator McCarthy empörte sich vor dem amerikanischen Kongreß: „Die Art, wie einige der Kriegsverbrecherprozesse in Europa geführt worden sind, spiegeln in keiner Weise die Grundsätze von Fairness, Anstand und Ehrlichkeit wider, für die wir Amerikaner uns einzusetzen angaben."

Auch vor dem irakischen Sondertribunal hatte die Verteidigung mit massiven Behinderungen ihrer Arbeit zu kämpfen. Während der Ermittlungsphase konnten die Verteidiger kaum Kontakt zu ihren Mandanten aufnehmen, Saddam Hussein wurde erst nach einem Jahr der Inhaftierung ein Rechtsbeistand gewährt, und berechtigte Beschwerden seiner Verteidiger wurden vom Gerichtshof nicht korrekt berücksichtigt. Sein juristischer Berater Hak al-Ani berichtete, daß der Ex-Diktator nicht einmal eine ordnungsgemäße Anklageschrift erhalten hatte, sondern lediglich ein 800 Seiten umfassendes Schriftstück, das teilweise unleserlich war. Ebenso wie in Nürnberg herrschte ein grober Mangel an „Waffengleichheit" zwischen Verteidigung und Anklage: Auch in Bagdad wurden der Verteidigung wichtige Beweise und sogar entlastendes Material vorenthalten. Der US-amerikanische

Rechtsprofessor Jimmy Gurulé bemängelte die massive Beeinträchtigung der Rechte der Angeklagten bei den Zeugenvernehmungen, die so stattfanden, daß die Verteidigung die Zeugen nicht ins Kreuzverhör nehmen oder ihre Glaubwürdigkeit überprüfen konnte, so zum Beispiel wegen Vernehmung hinter Vorhängen, per Videoaufzeichnung oder mit verzerrtem Bild oder verstellter Stimme.

Auch der äußeren Rahmenbedingungen wegen kam kein faires Verfahren zustande. Seit Beginn des Prozesses hatten neben den Amerikanern auch irakische Regierungsvertreter Einfluß genommen, so daß Unabhängigkeit und Unparteilichkeit des Gerichtshofes zumindest beeinträchtigt waren. Wegen dieses politischen Drucks von Regierungsvertretern und Parlamentsabgeordneten hatte auch der erste Vorsitzende des Gerichtshofes, Rizgar Mohammed Amin, Anfang 2006 sein Amt niedergelegt, das dann Richter Rauf Rashid Abdul-Rahman übernahm.

Aufgrund der instabilen Sicherheitslage mit täglichen Terroranschlägen insbesondere in Bagdad hatte die Verteidigung große Schwierigkeiten, Zeugen der Verteidigung zu finden und zu schützen oder die Unterstützung internationaler Experten zu bekommen. Schon am zweiten Verhandlungstag des Verfahrens, dem 20. Oktober 2005, wurde einer der Verteidiger entführt und ermordet. Am 8. November 2005 wurden zwei andere Verteidiger angegriffen, wobei einer getötet und der andere schwer verletzt wurde. Bis zu diesem Tag waren im Umfeld des Verfahrens bereits acht Personen, darunter sogar einer der Richter, ermordet worden. Als die Verteidigung wegen dieser Anschläge, die ein ordentliches Verfahren unmöglich machten, den Gerichtshof zeitweise boykottierte und forderte, den Verhandlungsort ins Ausland zu verlegen, wurde dies jedoch abgelehnt.

Die Vollstreckung des Todesurteils gegen Saddam Hussein glich einem Lynchmord. Seine Hinrichtung wurde von einem der Anwesenden mit einer kleinen Kamera dokumentiert.

Die weltweite Kritik am irakischen Sondertribunal war im Vergleich zu den seinerzeitigen Bewertungen des Nürnberger Tribunals von Anfang an wesentlich drastischer, umfangreicher und vor allem publikumswirksamer, da sich hieran selbst Staatsregierungen und Menschenrechtsorganisationen beteiligten: „Amnesty International" beurteilte den Prozeß in Bagdad als unfair und als vertane Chance, daß sich der Irak vom ehemaligen Willkürstaat zum demokratischen Rechtsstaat weiterentwickelt. „Human Rights Watch" ist der gleichen Auffassung und hat in einem am 20. November 2006 in New York veröffentlichten 97seitigen Untersuchungsbericht fundiert auf die schweren und bisher nicht dokumentierten Verfahrensmängel hingewiesen. Der Rechtsexperte Nehal Bhuta, der als Mitglied des Justizprogramms von „Human Rights Watch" den Untersuchungsbericht der Menschenrechtsorganisation verfaßt hat, resümierte: „Der Prozeßverlauf im Dudschail-Verfahren war grundlegend unfair. Das Tribunal hat eine wichtige Möglichkeit verschenkt, dem irakischen Volk eine glaubhafte Justiz zu bieten."

* * *

Das Nürnberger Tribunal endete mit dem Schuldspruch für neunzehn der „Hauptkriegsverbrecher", die restlichen drei Angeklagten wurden freigesprochen, um – so mag man vermuten – den Schein der Objektivität zu wahren. Zwölf Angeklagte wurden zum Tod durch den Strang verurteilt, drei Angeklagte zu lebenslanger Haft und vier zu hohen Freiheitsstrafen.

Das Sondertribunal von Bagdad verurteilte Saddam Hussein, seinen Halbbruder Barsan Ibrahim al-Tikriti sowie Awad Hamed al-Bander zum Tode durch den Strang, vier Angeklagte wurden zu hohen Freiheitsstrafen verurteilt, einer wurde freigesprochen.

Welches Fazit bleibt nach der Betrachtung der beiden Prozesse?

Alles in allem kann bei objektiver Betrachtung keine Rede von transparenten und rechtsstaatlichen Gerichtsverfahren sein. In beiden Fällen handelte es sich um politische Schauprozesse, deren Urteile von vornherein feststanden. Auch der Prozeß vor dem irakischen Sondertribunal war eine juristische Farce und fand vor einem Marionettengericht unter der Verantwortung eines Marionettenregimes statt, wobei die USA die Fäden fest in der Hand hielten.

Rechtsstaatlichen Ansprüchen genügende Verfahren ohne gravierende völkerrechtliche und strafprozessuale Mängel durchzusetzen, ist aus verschiedenen Gründen bei beiden Tribunalen unterblieben, obwohl es ohne weiteres möglich und aus humanitären Gründen beziehungsweise in Hinblick auf eine Weiterentwicklung und Harmonisierung des Völkerrechts auch wünschenswert gewesen wäre. Die prekäre Rechtstradition von Nürnberg fand nach 60 Jahren ihr zeitgeschichtliches Spiegelbild in Bagdad. Hätte es ordnungsgemäße Verfahren gegeben, wären sicherlich weniger und mildere Strafen verhängt worden.

Die Ergebnisse und Folgen des Nürnberger Tribunals prägen die deutsche Geschichte bis heute – die Folgen des Prozesses gegen Saddam Hussein zeigen sich im Irak nicht weniger fatal, dafür um so weniger subtil: Die Reste der sozialen Infrastruktur des Irak sind zerstört, das Land wird dominiert von Gewalt, Angst und Chaos. Die Hoffnung, daß dieser Prozeß als ein zukunftsgerichtetes Modell wird helfen können, zu einer dauerhaften Aussöhnung im Lande beizutragen und den Übergang von der Diktatur zu einer Demokratie zu meistern, bleibt mit Sicherheit für viele Jahre eine Illusion.

„Ein Fanal zum Aufstand"

Im Gespräch mit Prof. Franz W. Seidler

Ochsenreiter: *Herr Professor Seidler, sehen Sie einen Zusammenhang zwischen dem Prozeß in Bagdad gegen Saddam Hussein und dem Nürnberger Militärtribunal?*

Seidler: Nach dem Zweiten Weltkrieg teilten sich die USA und die UdSSR die Welt. Als sich der Ostblock 1990 auflöste, waren die USA die einzige Weltmacht. Im „Prozeß gegen die Hauptkriegsverbrecher" in Nürnberg von Oktober 1945 bis Oktober 1946 teilten sie sich das Richteramt noch mit den Russen, Franzosen und Briten. Die zwölf Nachfolgeprozesse von November 1946 bis April 1949 führten die USA bereits alleine durch. Auch der Prozeß gegen Saddam Hussein fand unter der alleinigen Regie der USA statt. Sie verlangten das Todesurteil und bekamen es. Seit 1945 bestimmen die USA nicht nur das Völkerrecht, sondern auch die Völkerrechtsgerichtsbarkeit.

Ochsenreiter: *Worum geht es bei solchen Siegerprozessen?*

Seidler: Völker, die besiegt wurden, hatten stets die Opfer zu bringen, die von ihnen verlangt wurden. Ganz früher wurden die Verlierer in die Sklaverei geführt, in der Neuzeit begnügt man sich mit Landabtretungen, Reparationen, Arbeitsleistungen und so weiter, in der Regel auf der Grundlage eines Friedensvertrages.

Prof. Franz W. Seidler, emeritierter Professor für Neuere Geschichte an der Universität der Bundeswehr zu München.

Die Verurteilung von Individuen wegen Völkerrechtsvergehen gibt es erst seit den Nürnberger Prozessen gegen die Führungsschicht des Dritten Reiches, zum Teil aufgrund neuer Festlegungen im Londoner Statut. Vorher waren sogenannte „Menschenrechtsverbrechen" und „Verbrechen gegen den Frieden" keine völkerrechtlichen Delikte. Sie wurden erst 1949 in den Genfer Konventionen fixiert und durften – im Unterschied zu Nürnberg – im Prozeß gegen Hussein mit einbezogen werden. Vorher wären seine Untaten gegen die eigene Bevölkerung gar nicht strafbar gewesen.

Ochsenreiter: *Welche Rolle spielten in den Prozessen Gerechtigkeit und Rache?*

Seidler: Weder ein Gericht, das sich aus Vertretern der Siegermächte zusammensetzt, noch ein nationales Gericht, das über angeklagte Landsleute Recht spricht, garantiert in Fällen wie diesen ein gerechtes Urteil. So etwas ist nur von einem internationalen Gericht oder von einem Gericht neutraler Staaten zu erwarten. In Nürnberg weigerten sich die Siegermächte sogar, Völkerrechtsexperten der eigenen Länder beizuziehen, geschweige denn Völkerrechtler und Richter neutraler Mächte oder gar der Besiegten. Die Nürnberger Urteile waren eindeutige Siegerrechtsurteile, in einzelnen Punkten sogar Vergeltungsurteile. In Bagdad lieferten die Sieger den Staatspräsidenten und seine nächsten Mitarbeiter der Rache der Schiiten aus. Die USA machten sich die Hände nicht selbst schmutzig wie in Nürnberg.

Ochsenreiter: *Wie beurteilen Sie die Akzeptanz der Verfahren in Nürnberg und Bagdad bei den betroffenen Völkern?*

Seidler: Die Ergebnisse der Prozesse in Nürnberg und Bagdad sind grundverschieden. Die Nürnberger Urteile wurden von den Deutschen hingenommen. Das Land war zerstört, die Not unermeßlich und die Abscheu gegen alle, die ihnen das eingebrockt hatten, gleich groß. Im Vordergrund stand die Bewältigung der täglichen Aufgaben. Die Deutschen der drei westlichen Besatzungszonen wehrten sich nicht gegen die Umerziehung, die mit den Nürnberger Prozessen begann, mit den anderen Kriegsverbrecherprozessen in Dachau, Hameln und Rastatt weitergeführt wurde, mit der Entnazifizierung einen Höhepunkt fand und durch die Lehren der linken „Frankfurter Schule" vollendet wurde. Heute handeln sie politisch korrekt, wie es ihnen nach dem Krieg von der Lizenzpresse und später von allen Medien nahegelegt wurde, die ihnen das Menetekel Auschwitz dauernd vor Augen führten. In Bagdad bewirkte das Urteil gegen Hussein keine Ruhigstellung

In Tikrit, dem Geburtsort Saddam Husseins, protestierten am 1. Januar 2007 wütende Iraker gegen die Ermordung des ehemaligen Präsidenten. In fast allen arabischen Ländern kam es nach der Vollstreckung des Todesurteils zu ähnlichen Szenen.

des Volkes wie in Deutschland, sondern verstärkte den latenten Bürgerkrieg zwischen Sunniten und Schiiten, der sich parallel zu dem Aufstand gegen die Besatzungsmächte entwickelte. Gegen beide Fronten ist der Terror unbarmherzig.

Ochsenreiter: *Seit wann wird überhaupt Siegerjustiz ausgeübt?*

Seidler: Weder die Gerichte von Siegern noch nationale Gerichte schaffen Völkerrecht. Das ist seit den Haager Abkommen von 1907 Staatsverträgen vorbehalten. Gerichte verstoßen gegen geltendes Recht, wenn sie Urteile außerhalb des Völkerrechts fällen. Einzig die multinationalen Gerichte der Völkergemeinschaften, zum Beispiel der UNO, garantieren gerechte Urteile. Der Internationale Strafgerichtshof in Den Haag böte eine Chance, wenn auch mächtige Staaten wie die USA und China das Rom-Statut von 1995 ratifizieren würden. Was nützen Richter, die keine Urteile sprechen können, weil die Delinquenten nicht ausgeliefert oder von den Nichtunterzeichnerstaaten geschützt werden.

Ochsenreiter: *Sind solche Tribunale Ihrer Ansicht nach friedensstiftend?*

Seidler: Die Nachkriegspolitik der USA im besiegten Deutschland war stringent: Mit dem Verdikt der Alleinschuld am Ausbruch des Krieges und den Judenverbrechen belastet, waren die Deutschen nach Abschluß der 13 Nürnberger Prozesse willige Mitläufer. Die Besatzungspolitik der USA im Irak verläuft dagegen im Zickzack. Die Kurden werden gefördert, aber nur solange sie den Türken nicht bedrohlich werden. Das irakische Staatsoberhaupt Saddam Hussein, ein Sunnit, wird zum Tode verurteilt, aber die Sunniten werden gegen die Schiiten unterstützt, beispielsweise durch die Lieferung von Militärgütern an sunnitische Nachbarn. Im besiegten Deutschland brauchten die Amerikaner mit keinen Gegnern zu rechnen. Im Irak haben sie bei allen Bemühungen, Ruhe zu schaffen, nur Gegner. Die erniedrigenden Umstände der Hinrichtung Saddam Husseins waren nicht nur ein Rechtsbruch, sondern für viele Araber ein Fanal zum Aufstand. Viele verehren ihn bereits heute als Helden und Propheten.

Ochsenreiter: *Herr Professor Seidler, vielen Dank für das Gespräch.*

Kurzbiographien

Michael Wiesberg, geboren 1959 in Kiel, ist als Publizist und Autor tätig. Veröffentlichungen unter anderem: *Botho Strauß – Dichter der Gegen-Aufklärung*, Dresden 2002; Mitautor in: *Die Tragödie des Westens*, Berlin 2001. Darüber hinaus ist er als Autor der Berliner Wochenzeitung *Junge Freiheit* in Erscheinung getreten.

Jamal Karsli, geboren 1956 in Syrien, studierte Industriechemie in Damaskus, bevor er 1980 nach Deutschland kam. Von 1993 bis 2002 war Karsli Mitglied der Grünen. Für diese Partei zog er am 10. Oktober 1995 in den 13. Landtag von Nordrhein-Westfalen ein, dem er bis zum 1. Juni 2000 und vom 25. Oktober 2000 bis zum 7. Juni 2005 angehörte. Nach einem kurzen Zwischenspiel bei der FDP war Karsli parteiloser Abgeordneter.

Dr. Jörg Haider, geboren 1950 in Oberösterreich, ist Landeshauptmann (Ministerpräsident) des österreichischen Bundeslandes Kärnten und gehört dem „Bündnis Zukunft Österreich" (BZÖ), einer Abspaltung der FPÖ, an.

Dr. Heinz Magenheimer, geboren 1943 in Wien, Historiker und Privatdozent, ist Angehöriger der österreichischen Landesverteidigungsakademie (Institut für strategische Grundlagenforschung) und Verfasser mehrerer Werke über den deutsch-sowjetischen Krieg ab 1941.

Prof. Emil Schlee, geboren 1922 in Schwerin, saß von 1971 bis 1984 für die CDU im hessischen Landtag und war als Vertriebenenpolitiker tätig. Von 1989 bis 1994 war er Angehöriger des Europäischen Parlamentes, davon bis 1992 für die Partei „Die Republikaner". Schlee ist als Publizist tätig.

Richard Lobsien, geboren 1960 in Stuttgart, Historiker, veröffentlichte bereits zum Thema „Nürnberg" das Buch *Siegertribunal – Die Nürnberger Prozesse 1945–48*, Kiel 2005.

Prof. Franz W. Seidler, geboren 1933 in Wigstadtl, Kreis Troppau (Mähren), lehrte an der Universität der Bundeswehr zu München Neuere Geschichte, insbesondere Sozial- und Militärgeschichte. In den meisten seiner zahlreichen Buchpublikationen beschäftigt er sich mit Fragen zum Zweiten Weltkrieg: Volkssturm, Organisation Todt, Wehrmachthelferinnen, Wehrmachtgerichtsbarkeit, Kriegsverbrechen, Führerhauptquartiere, Alpenfestung usw. Biographische Arbeiten liegen vor über Fritz Todt, Herbert Gille und Felix Steiner.

Manuel Ochsenreiter, geboren 1976 in Süddeutschland, ist seit 2004 Chefredakteur der *Deutschen Militärzeitschrift*. Zuvor leitete er das Ressort Innenpolitik der Berliner Wochenzeitung *Junge Freiheit*.

Inhalt